마을학개론

- 현대인을 위한 마을 사용설명서 -

현대인을 위한
마을 사용설명서

마을학 개론

| 정기석 · 송정기 |

전북대학교
출판문화원

서문

마을, 더불어 사람답게 먹고사는 곳

귀농을 하거나 자발적 하방을 해서 마을에서 먹고 살려면, 무엇보다 사람답게 살아가려면, '마을이란 무엇인지'부터 알아야 한다. '마을학개론'은 '마을에서 사람답게 먹고사는 법'을 공부하자는 것이다. 그러자면 마을, 공동체, 시민. 기업, 정책, 사회 등에 대해 다시, 새로, 열심히 공부할 필요가 있다. 공부에 그치지 말고 현장에서 행동하고 실천하고 체화해야 한다. 그러면 마침내 마을에서 사람답게 먹고 살 수 있다.

요즘 도시에서도 마을만들기, 또는 마을공동체 활동이 유행이다. 하지만 도시는 '마을'이라는 말이 어울리지 않는다. '동네'라고 부르는 게 타당할 것이다. "마을이 세계를 구한다"던 마하트마 간디도 농촌을 수탈해 이룩된 도시를 마을로 생각하지 않았다. '마을은 주로 시골에서 사람 사는 집들이 모여있는 곳'이라는 사전의 뚜렷한 물증까지 있다.

모름지기 '마을'이려면 최소한 삶(생활)과 일(생업)이 하나의 시공간에서 조화롭게 이루어질 필요가 있다. 거기에 쉼(휴식)과 놀이(문화)까지 보태 누릴 수 있다면 더할 나위가 없을 것이다. 아무래도 '먹고 살기 위해 건설된 생업과 소비의 터전' 도시의 '동네'에서는 '먹고사는' 생업에 매달리느라 앞만 보고 살아가게 된다. 삶과 일이 따로 떨어지고, 삶이 일에 치여 살게 된다. '먹고사는 일' 때문에 '사람답게 사는 삶'은 뒷전으로 밀린다.

하지만 도시의 헛된 욕심과 부질없는 미련, 그리고 얄팍한 체면을 내려놓은 시골의 '마을'에서는 '사람'이 보인다. 자연도 눈에 들어온다. 먹고살려고 노동을 하다가도 멈춰서서 뒤도 돌아보고 옆을 살펴볼 여유가 생긴다. 삶과 일이 서로 하나 되고, 여기에 쉼과 놀이가 보태지면 비로소 사람이 사람답게 살아가기에 적합한 시공간이 된다. 마침내 '마을'이 된다.

마을학개론은 '먹고사는 법'

그럼에도 도시 사람들은 선뜻 '사람 사는 마을'로 내려가지 못한다. 막상 마을로 내려가자니 '뭘 하며 살아야 할지, 어떻게 먹고 살아야 할지' 불안감과 두려움이 앞선다. 마을로 내려가는 길을 현실적으로 가로막는다. 그렇게 우물쭈물하다 어느새 일도 없어지고 삶도 황혼으로 밀려나 자칫 도시의 잉여인간으로 전락한다. 이러지도 저러지도 못한 채 인생을 도시난민으로 쓸쓸히 마감하게 된다.

결국 '먹고사는 게' 문제다. 농사를 짓든, 농사를 짓지 않든 '마을에서 먹고사는 법'이 열쇠다. 마을에서 먹고사는 문제를 풀어보겠다는 법과 제도는 이미 주변에 넘친다. 마을만들기법, 마을공동체법, 사회적경제기본법, 협동조합법, 귀농법, 심지어 농업의 융복합·ICT 스마트공업화법 등. 하지만 법이나 제도, 지원사업보다 먼저 할 일이 있다.

바로 농민 기본소득, 무상교육, 무상의료, 무상급식, 고용안정, 보편적 사회복지 같은 사회복지 안전망이다. 그리고 '먹고사는 생활의 기술을 가르치는 직업학교', '지역공유 사회적경제 자산은행', '지역단위 협동연대 농업·농촌경영체', '마을공동체와 사회적경제의 융합 플랫폼' 같은 사회적 자본 발전소를 먼저 갖추어야 한다. 그러면 '마을에서 먹고사는 문제'는 저절로 풀릴 수 있다.

마을이란, 그렇게 '사람으로서, 사람답게, 사람들과 함께 먹고살 수 있는 곳'이 되어야 한다. 서로가 서로를 믿고 기대고 돌보고 보살필 수 있는 곳이라야 한다. 그렇게 삶과 일, 그리고 쉼과 놀이가 하나 되는 곳이라야 한다. '마을이란 무엇인지', '공동체를 왜 하는지', '지역사회는 어디에 있는지', '마을자치를 어떻게 할지' 끊임없이 묻고 답을 구해야 비로소 마을은 보일 것이다.

'마을시민'과 '마을기업'이 살리는 '대안마을'

여기서 '마을학개론'을 공부하는 학생이자 실천하고 체화하는 주체는 '마을시민'이다. 마을시민 이란 지역공동체적 사회자본, 혁신적 인적자본으로서, 마을공동체와 지역사회에서 주체적 역할을 감당하는 농촌 또는 지역 주민을 말한다. 특히 마을시민은 마을공동체사업을 관리하고 경영하는 역량을 갖춘 책임 있는 사업주체이기도 하다. 흔히 귀농인들도 마을공동체사업을 통해 외지인이나 주변인이 아닌 마을공동체의 권리와 책임의 주체로 거듭나게 된다.

마을시민이 마을에서 먹고사는 도구나 무기는 여느 농부들처럼 낫과 호미가 아닐 수 있다. '저마다 도시의 소시민으로 용케 버티면서 챙겨둔 생활의 농기구'를 꺼내 드는 경우가 적지 않다. '치열한 도시의 직업전선에서 갈고 닦은 경험, 기술, 노하우, 지식정보 같은 빛나는 무형자산'들이다. 이 '먹고사는 데 요긴하게 소용되고 작동하는' 생활의 무기들만 잘 챙겨서 마을로 내려온다면 주체적인 마을의 시민으로 예측가능하고 지속가능한 '생활귀농'이 가능하다.

마을시민으로 열심히 마을에서 살다 보면 '마을주의자'의 경지에 오르기도 한다. 마을주의자란 국가와 정부. 자본주의와 정치경제학의 구조악에 휘둘리지 않는 단단한 사람으로서 마을 속으로 뛰어 들어가, 마을사람들과 더불어 부대끼며 생활하는 사람들이다. 마음은 정의롭고 양심적이고, 말과 글은 용기 있고 지혜로우며 슬기로우면서 행동은 이타적이고 공동체적이다. 나보다는 남과 이웃과 지역사회와 세상을 좀 더 사람이 살만한 곳으로 바꾸려는 사회혁신적인 참사람이다.

마을시민들과 마을주의자들이 힘과 뜻을 모으면 경제적, 문화적, 교육적, 생태적 마을기업이 가능하다. 마을기업이란 자본주의 사회에서 이윤추구를 목적으로 하는 경제단위체'로서 기업을 뜻하는 게 아니라 '비록 자본주의 사회와 체제에 놓여 있지만, 마을 사람들이 서로를 위해, 마을공동체를 위해, 더불어 설립하고 경영하는 지속발전 가능한 사업단위체를 추구한다. 사회적 기업, 협동조합, 자활기업 등의 형식을 불문하고 마을공동체사업의 사업주체인 사회적 경제조직을 의미한다.

가령 '친환경 농업기반, 농촌경영체 중심, 도·농상생 생활·생태공동체' 같은 사업체다. 마땅히 자본금은 마을 공동기금, 마을 주민들의 자발적인 투자금, 그리고 현금에 상응하는 온갖 현물을 종잣돈으로 한다. 모자라는 시설자금과 운영자금은 정책의 선의를 의심하지 않는 각종 정부지원사업의 보조금으로 마련할 수도 있다. 농사를 잘 아는 원주민 농민이 친환경 영농을 맡고, 기획, 관리, 재무, 마케팅, 생산가공 등은 도시의 귀농인이 역할분담 하면 최적의 업무조직이 가능할 것이다.

'대안마을'에서 '대안농정'으로 '대안사회'를

'마을시민과 마을주의자'들이 '마을기업'을 꾸리면 '대안마을'은 저절로 만들어질 것이다. 그동안의 마을만들기가 그토록 어려웠던 이유는 '사람'과 '조직'이 없는 사막같은 농촌에 자꾸 '마을'을 토목하고 건축하고 조경하려고 했기 때문이다. 게다가 마을공동체사업의 3대 사업주체인 '행정, 주민, 전문가'의 자세와 역량이 역부족이었다. 행정은 진정성과 공정성이 미흡하다. 주민은 이해도와 참여도가 부족하다. 전문가의 전문성은 기대에 못 미쳤다. 심지어 사기업들은 수지타산을 맞춰야 하니 현장에서 성실성과 도덕성을 챙기기 어려웠다.

무엇보다 '한국적 마을만들기'는 겉으로는 '농촌관광지화' 또는 '생태공원화'와 다르지 않다. 하드웨어 토건사업에 치중해 외부인의 구경거리나 체험거리에 불과한 관광지, 공원 등이 전국도처에 양산됐다. 본디 마을은 관광지나 공원이 될 수 없다. 마을주민들이 대대로 생활하고 생존해온 생활공간으로서 후손을 위해 순정한 삶의 터전으로 보전해야 한다.

기왕의 '토건적 마을만들기'는 '사회생태적 마을살리기'로 패러다임 자체를 전환해야 한다. 그래야 우리 마을이 품고 있는 사회적이고, 인문적이고, 문화적인 요소와 자원들이 융·복합적으로 결합되어 종합예술 작품 같은 마을로 승화될 수 있다.

'대안마을'에서는 마땅히 '대안농정'이 작동되어야 한다. '돈 버는 농업'이 아닌 '사람 사는 농촌'의 농정기조가 적용되어야 한다. 이름하여 '협동연대 대안국민농정'이라는 농정의 전략과 해법이 필요하다. 나라 전체의 인구수, GDP, 예산 등에서 5퍼센트 정도밖에 안 되는 '농민만의 한계농정, 고립농정'이 아니라 나머지 95퍼센트의 노동자·도시민·소비자·국민도 농민과 협동하고 연대하는 100퍼센트 '농부의 나라'로 함께 가야 한다.

'농부의 나라'로 가려면 법이나 제도, 정책이나 전략을 고치는 정도로 문제가 해결되지 않는다. 아예 농정의 틀과 패러다임부터 근본적으로 바꿔야 한다. 이름하여 '국민농정', '공익농정', '지역농정', '협동농정'의 4대 농정전환 패러다임으로 논밭을 갈아엎는 '거대한 전환'을 해야 한다. 우선 농민이 국민의 생명을 위하는 농심으로 농사를 짓듯, 국민은 농민의 생활을 자기 가족의 일처럼 걱정하는 '국민농정', 국민의 생존권과 국가의 식량주권을 지키는 농업은 국가기간산업 대접을 하는 '공익농정', 국가 단위에서는 당장 할 수 없는 일도 지역 단위, 마을 단위에서는 우리끼리 해낼 수 있는 '지역농정', 소농과 가족농이 물심양면으로 서로 돕는 '협동농정'을 해야 한다.

그리고 농민과 지역주민들 스스로 '사회민주적 농민', '사회경제적 농업', '사회생태적 농촌'으로 농정을 집행하는 동력의 축과 방향을 크게 고쳐야 한다. '사회민주적 농민'이란 나와 내 가족만 생각하지 않고, 남과 공동체를 더불어 생각하는 농민을 말한다. '농사짓는 농민'이 '농사짓지 않는 남과 공동체'를 더불어 생각하는 '사회적 농민'으로 다시 일어서야 한다. 또 소농, 가족농으로 흩어져 개별화된 농민들이 협동조합 등 농업공동체를 중심으로 협동하고 연대하는 '사회적 농업'의 힘을 발휘해야 한다. 그리고 농촌마을을 관광지화, 공원화로 형해화시킨 '토건적 마을만들기'의 주술에서 깨어나 '사회생태적 농촌'으로 되살려야 한다.

하마터면 지상낙원으로 착시할 뻔했다. 이 나라 밖을 처음, 그것도 선진 서양문물의 원산지 유럽을 직접 목격한 충격은 강했다. 유럽에 태어나 살고 있는 유럽인 모두가 부러웠다. 조국을 등지고 유럽 타국에 빌붙어 사는 분쟁국의 난민들조차 샘이 날 지경이었다. 특히 독일, 오스트리아, 스위스는 풍광이나 경관부터 놀랍다. 온 국토가 마치 생태공원의 겉모습을 하고 있다.

'농부의 나라'는 상상의 산물이나 한여름 밤의 꿈이 아니다. 독일, 오스트리아, 스위스 등 EU의 선진국들이 지금 그렇다. 결론적으로, 그리고 확정적으로 단언하자면, 오늘날의 유럽을 '행복사회', '농부의 나라'로 이끈 동력은 사회적 자본[social capital]과 사회 안전망[social safety net]의 힘이다. 유럽의 정치인들과 유럽의 시민들은 어떤 훌륭한 법이나 정책이나 제도 이전에 탄탄한 사회적 자본과 촘촘한 사회 안전망부터 먼저 갖추어 두었다. 그렇게 유럽에서는 국가와 정부가 국민을 돌보고 보살피며, 국민은 서로 협동하고 연대하고 있다. '행복사회', '농부의 나라' 유럽으로 난민을 떠날 것인가, 조국을 '행복사회', '농부의 나라'로 바꿀 것인가. 오직 우리 손에 달렸다.

목차

| 3. 마을기업의 모델 |

| 4. 대안마을의 플랫폼 |

| 5. 대안농정의 프레임 |

1 마을이란 무엇인가

1.1

마을이란 무엇인가

'마을'은 몰락한 사회적 인간들의 해방구

그림 1-1 사회적 인간이 몰락하는 현대사회의 출구는 '마을'일 것.
2016년도 전기 한국농촌사회학회

'사회학[Sociology]'은 사회를 연구하는 학문이다. 주로 사회의 구조와 변동, 그리고 인간의 사회적 행위를 주제로 삼는다. 대체로 사회 안에서 인간의 사회적 행위는 사회적 공동생활로 표출되고 구현된다. 다만 사회적 공동생활은 간단하지 않다. 경제, 정치, 법, 교육, 도덕, 종교, 예술 등 다방면에서, 광폭적으로, 복잡다단하게, 부단하게 펼쳐진다.

따라서 사회학은 기본적으로 사회와 개인의 문제에 종횡으로 천착할 수밖에 없다. 본질적으로 사회와 개인은 불가분한 관계에 놓이기 때문이다. 사회 없는 개인은 무기력하고 개인 없는 사회는 무의미하다. 적어도 현대사회에서 인간으로 권리와 책무를 행사하려면, 사람 행세를 하려면 곧 사회적 인간이라야 하는 것이다.

그래서 아리스토텔레스는 인간은 사회적 동물이라고 규정했을 것이다. 본디 '정치적[politikos] 동물'이라는 어원이었으나 번역되면서 사회적 동물로 대체되었다고 한다. 정확하게는 "인간은 태어나면서부터 국가 사회를 형성하는 동물"이라는 메시지다.

그는 인간이 사유능력으로 실현해야 할 최선의 행위를 자아실현이라 생각했다. 그 행위들의 궁극적 목적은 행복이며 행복의 최고목표는 곧 개인의 자아실현이라는 것이다. 그런데 인간의 자아실현이란 사회 속에서만 가능하다고 주장했다. 개인은 사회로부터 격리되지 않고, 사회 또는 국가는 개인으로부터 유리되지 않아야 한다는 것이다. 즉, 가족, 마을, 도시국가라는 공동체 안에서만 사회적으로 가치 있는 삶을 영위할 수 있다고 굳게 믿었다.

그러나, 사회적 인간은 몰락했다

그런데 오늘날 사회적 동물로서, 사회적 인간은 몰락하고 있다. 사회학자 김윤태는『사회적 인간의 몰락』을 통해 "사회적 인간이 약화되는 반면, 고립되고 원자화된 경제적 인간이 확산되는" 사회적 현상의 원인을 분석해냈다. 홉스, 루소, 스미스, 마르크스, 엥겔스, 베버, 뒤르케임 등 근대 사회사상가에서부터 프로이트, 레비스트로스, 아렌트, 푸코, 엘리아스, 아도르노, 마르쿠제, 하버마스, 부르디외, 벡, 기든스, 바우만 등 현대 사회사상가에 이르는 사회학의 사상을 종횡으로 살핀 결과다. '사회적 인간'이 서서히 몰락해가는 현대사회를 사회과학적으로 제보하고 있다.

흔히 사회학자들은 모든 개인이 사회에서 서로 연결되어 있고 사회에 관심을 가진다고 전제한다. 또 사회를 변화시키려고 노력하는 사회적 인간이 사회를 구성하고 유지하고 운영하고 있다고 간주한다. 사회가 엄연히 독립된 실체로 존재하며, 인간의 행동을 제약하고 일정한 방향으로 이끌어가는 보이지 않는 사회의 법칙, 질서, 관습, 규범이 존재한다는 것이다.

하지만 경제학자들의 생각은 다르다. 이들은 이기적인 수많은 개인이 모여 이루어지는 게 사회라고 가정한다. 심지어 사회는 실제로 존재하지 않는다고 단언한다. 단지 합리적인 행동을 하고 경제적 효용성을 최대로 추구하는 '비인간적, 반사회적' 개인만 존재한다는 것이다. 결국, 우리가 사회라고 믿는 공동체는 신기루 같은 허상이라는 것이다, 사회에는 무수한 개인들만 존재할 뿐, 그 개인들은 자신의 이익을 극대화하기 위해 행동한다는 것이다. 오늘날 '사회적 인간이 몰락한' '헬조선'의 모습과 다르지 않다.

사회적 인간이 몰락한 현대사회에서 데이비드 리스먼David Riesman의 『고독한 군중』(The Lonely Crowd)은 공적 영역을 파괴하고 사회문제를 외면하고 정치에 무관심한 개인화되고 파편화된 사람들이다. 미국사회의 그늘에 불안과 고독감을 지닌 성격 유형을 나타낸다. 리처드 세넷은 '공적 인간의 몰락'을 통해 사적 생활로 도피해 개인적 의미만 찾는 공적 문화와 공동체가 해체되는 현상을 비판한다. 지그문트 바우만의 『액체 사회』(Fluid Society)는 예측과 통제가 가능한 전통 사회가 아니라 불안정성이 지배하는 액체적이고 유동적인 현대사회와 다름이 없다.

에밀 뒤르켐은 『사회분업론』에서 '기계적 연대로부터 분업에 따라 개성적이고 이질적인 개인들의 유기적 연대'로 발전해야 한다고 주장했다. 집합의식이 약하고 개인의식이 우월한 근대사회에서 사회적 인간의 몰락을 염려했을 것이다. 로버트 퍼트넘은 『나 홀로 볼링』(Bowling alone)에서 사회적 자본을 폐쇄성이 강한 결속형 자본과 포용성이 큰 교량(연계)형 자본으로 구분했다. 가령 성가대나 볼링클럽 같은 곳에서 다양한 사람을 포괄하는 교량형 사회적 자본이 많을수록 건강한 사회라는 것이다.

새로운 '우리의 사회'가 필요하다

울리히 벡은 서구를 중심으로 추구해온 산업화와 근대화 과정이 실제로는 가공스러운 '위험사회'를 낳는다고 주장했다. 『위험사회 - 새로운 근대성을 찾아서』를 통해 계급 정체성이 약해지고 가족 유대가 불안정해지는 '개인화' 시대를 위험사회로 규정했다. 이러한 위험사회를 극복하려면 급진적으로 개인화된 '정치적 시민[citoyen]'들이 기존의 제도들에 대항해 새로운 생활정치를 통한 새로운 시민사회를 구축해야 한다고 주장한다.

신자유주의 자본주의 체제의 노동 유연화, 현대판 프롤레타리아인 워킹 푸어 증가, 자본과 시장에 권력을 빼앗긴 국가의 쇠퇴, 소비주의 문화, 가족의 해체, 여성, 장애인, 다문화 등 취약 계층의 사회적 배제, 정상적 소통이 불가능한 네트워크에 매몰된 고독한 군중, 정치적 무기력증에 의한 사회적 무관심 등. 모두 사회적 인간이 몰락한, 위험한 현대사회의 지배적인 모습이자 속성을 나타내는 병리적 증상들이다.

이런 불공정하고 비관적인 사회에서 민주주의 시민혁명의 주체인 사회적 인간은 실존하지 않는다. 다만 개인의 성공과 안위만 좇으며 경쟁심과 불안감에 사로잡힌 고립되고 원자화되고 파편화된 개인들만 양산될 뿐이다. 공동의 사회 문제는 사라지고 '아프니까 청춘이다'식의 힐링 처방전이 남발되면서 모든 책임은 개인의 문제로 전가된다.

『사회적 인간의 몰락』은 "이렇게 사회적 인간이 사라지면 민주주의도 사라진다"면서 "개인의 자유가 증가할수록 타인에 대한 배려와 존중, 이타주의, 사회의 공동선, 좋은 사회에 관심이 사라진 사회가 출현하고 있다"고 경고하고 있다. 또 사회적 인간이 몰락됨으로써 수많은 사람들이 바보로 전락한다며 지혜와 용기를 가지고 우리를 바보로 만드는 권력과 자본에 맞서 행동하자고 추동한다.

그리고 그는 1987년 민주화 이후 급속히 대두된 '신사회운동'을 새삼스레 다시 꺼내 든다. 신사회운동은 고립된 개인이 아니라 공동체의 복원을 추구하며 다양한 개인의 연대를 꿈꾸자는 것이다. 초계급적인 운동이며, 문화적인 가치, 정체성, 삶의 질의 차원을 중시한다. 조직이 수평적이고 유연하며, 의사 결정 방식이 상향식이다. 지구적으로 생각하고 지역적으로 행동하는 초국적 방식이라 세계적 차원의 민주주의 발전과 지구시민사회를 발전시킨다.

몰락하는 사회의 출구, 마을공동체

그렇다면 몰락하는 사회의 대안으로 제기된 신사회운동은 어디에서부터 시작하면 되나. '고립된 개인이 아니라 공동체의 복원을 추구하며 다양한 개인의 연대를 꿈꾸려면' 어떻게 행동하면 되나. 경제학자들이 주로 구축해놓은 진지, 현대 자본주의의 패러다임과 플랫폼에 갇혀있는 도시나, 국가에서는 답이 잘 보이지 않는다. 사회적인 대안을 찾는 게 어려워보인다.

그래서 "마을로 내려가자"는 것이다. 마을공동체야말로 몰락하는 사회, 자본주의의 전초기지 도시의 대안이 될 수 있다. 마을에서는 사회적 인간으로 살아갈 수 있다. 사회학자 김기홍은『마을의 재발견』에서 자본주의 발전이론에서는 물적 자본, 인적 자본이 많은 사회가 유리하지만, 공동체 형성이론에서는 '선의, 동료의식, 사회 공감, 사회적 교류' 같은 사회적 자본이 중요하다고 주장한다. 경제적 효율성보다 인간관계, 사회적 관계가 사회발전의 주요동력으로 작동한다는 것이다.

가령 우리 전통마을은 향약, 두레, 품앗이처럼 사회적 자본을 밑천으로 한 공동체생활 방식으로 작동하고 유지됐다. 그러나 현대사회에서는 국가 단위나, 중앙정부 차원에서 돌보고 보살필 수 없는 사회적 영역과 과제들이 점점 많아지고 있다. 대개 정치적이고 경제적인 문제들이 우선이기 때문이다. 따라서 현대사회를 지혜롭게 살아가려면 마을공동체 안에서, 공동체구성원끼리 서로 자조하고 자구하고 자치하는 게 상책일 수 있다.

사전에서 정의하는 마을은 "주로 시골에서 여러 집이 한데 모여 사는 곳"이다. 시골에 가야 비로소 삶과 일과 놀이가 하나 될 가능성과 여지가 있다. 도시에서는 어렵다. 에밀 뒤르켐은 '도시의 동네[quartier]'는 "기계적 연대와 배제의 공간으로 주민들이 어서 벗어나고 싶어 하는 비정한 생활공간"이라고 지적했다. 도시민들은 생활보다 생업이 우선일 수밖에 없는 운명에 매달려 살기 때문이다. 마하트마 간디도 농촌의 온갖 자원을 수탈해 건설한 도시를 마을로 치지 않았다.

이런 간디가 설계한 마을은 사실상 자치공화국에 가깝다. 가히 마을자치[Swaraji]가 작동하는 마을공화국이라 할 수 있다. 일단 기본적 필요에 관해서 이웃으로부터 독립되어 있는 곳이다. 그러면서도 의존이 불가피한 다른 여러 가지에 관해서는 상호의존적인 완전한 공화국이다. 모든 마을의 최우선 관심사는 식량작물과 옷을 자급하기 위해 목화를 키우는 일이다. 마을에는 가축들을 위한 비축 양식이 있어야 하고, 어른과 아이들을 위한 오락과 놀이터가 있어야 한다. 가용 토지가 더 있으면 '쓸모 있는' 환금작물을 키워서 미라화나, 담배, 아편 등을 좇아내야 한다.

마을에는 마을극장, 학교, 공화당을 두어야 한다. 깨끗한 물 공급을 보장하는 자체 급수시설을 가지고 있어야 한다. 교육은 기초과정의 끝까지 의무적으로 받을 수 있어야 한다. 가능한 한 모든 활동은 협동체제로 수행된다. 마을 정부는 해마다 최소한의 자격요건을 갖춘 마을의 성인 남녀들이 선출한 다섯 명으로 구성된 판차야트(마을회의)가 운영한다. 여기에는 개인의 자유에 기초한 완전한 민주주의가 있어서 개인은 자신의 정부를 만드는 건축가로서 대우받는다. 비폭력의 법이 개인과 그의 정부를 다스림으로써 개인과 그의 마을은 세계의 힘에 맞설 수 있다. 마을이 세계를 구할 수 있는 것이다.

'마을'은 생태적, 사회적 공동체마을이라야

굳이 간디의 스와라지 마을이 아니더라도 '사회적 인간들이 모여 살기 좋은 마을'이려면 생태적이고 공동체적이라야 할 것이다. 1991년에 로버트 길만Robert Gilman은 이른바 생태공동체마을[Eco Village]의 개념을 이렇게 정립했다. 인간적 규모로서, 생활요소가 완결적으로 갖추어져, 인간의 활동이 자연과 조화를 이루면서, 건강한 인간성이 개발되는, 무한한 미래로 지속가능한 공동체로 정의했다.

여기서 '인간적 규모'란 공동체의 구성원이 서로 쉽게 알 수 있는 정도를 나타낸다. 서로 긴밀히 영향을 주고받을 수 있는 규모로서 대략 500명 정도의 구성원으로 이루어지는 마을을 얘기한다. '생활요소가 완결적으로 갖추어진 공동체 거주지'란 주거, 노동, 생활, 사업활동 등 일상적 생활의 모든 부분이 균형 잡힌 비율로 통합되어 존재하는 상태이다.

'인간의 활동이 자연과 조화를 이룬다'는 말은 진정으로 '생태적[eco]'인 공동체라야 한다는 것이다. 인간과 다른 생명 사이에는 우열이 있을 수 없으며 한결같이 동등하다는 것이다. 감히 인간이 자연을 지배하려는 어리석은 시도를 멈추어야 한다는 것이다. 자연 속에서 인간이 할 일이라곤 제 분수에 맞는 자리를 찾아 자연과 조화를 꾀하는 노력이어야 한다는 충고다.

나아가 진정한 인간성, 건강한 인간성을 추구하지 않는 공동체는 성공할 수 없다. '건강한 인간성'이란 육체적, 감정적, 심리적, 정신적인 면이 통합되고 조화된 인간성이다. 어쨌든 이 '사회적 마을'은 서로 다른 인간성을 지닌 사람들끼리 어울려 살아가야 한다. '무한한 미래로 지속가능한 공동체'야말로 결론 같은 숙제다. 이게 되지 않으면 결국 공동체 외부 사회가 축적해놓은 자본과 반환경적 활동에 오로지 의존하게 된다.

한국에서 이와 같은 생태마을을 설계하고 계획하려면 가능하면 '작고 낮고 느린' 농촌마을이 좋을 것이다. 물론 도시에서도 적당한 공간과 추진모임이 있다면 아예 불가능하지는 않을 것이다. 실제로 서울 같은 대도시에서도 '마을만들기 사업'이 활발하다. 하지만 이제 '몰락할 위기에 놓인 사회적 인간'들이 주로 모여 사는 현대 자본주의사회의 도시는 이미 늦은 게 아닌가. 도시를 지속가능한 생태마을로 되돌리기보다 농촌으로, 지역으로 내려가는 게 더 쉽고 옳아 보인다. 농촌으로, 지역으로 내려가면 비로소 '마을'을 볼 수 있다. 그 마을에서 '사회적 인간'으로 살 수 있다.

1.2

공동체를 왜 하는가

마을코뮌은 공정국가의 실뿌리이자 뼈대

그림 1-2 보은 선애빌마을 마을공동식당

공동체에 관해 연구하고 숙제하는 일을 저부가가치, 저수익성의 고된 직업으로 삼고 살아가는 나는, 사실 개인주의자에 가깝다. 늘 공동체의 관점에서 사고하려 노력하지만, 공동체를 위해 행동으로 실천하는 경우나 순간은 그리 많지 않다. '먹고사는데' 급급해 마음은 있으나 몸이 말을 듣지 않는다는 게 주로 하는 변명이다. 그런데도 살아온 날을 돌이켜보면 적어도 공동체를 기피하거나 벗어난 적은 거의 없다.

비록 개인의 사정과 처지에 더욱 충실했을지언정 언제나 공동체의 구성원이었다. 홀로, 개인적으로 결정하고 행동하기보다 가급적 공동체 안에 규율되고 허락된 권리와 책무를 따르는 편이었다. 가족, 학교, 회사, 도시, 국가 등의 일반적이고 건강한 구성원이었다. 심지어 자발적이거나 주도적이지는 않았으나 다양한 협동조합의 조합원으로도 참여했다.

'공동체'에 대해 이성적으로 의식하기 시작한 건 아마도 1980년대 대학 시절이었을 것이다. '민주적 고성방가 및 민족적 음주·가무 특성화 대학'이라 자조하는 대학에서 일종의 음주공동체인 '백수구락부' 활동에 매달렸다. 그냥 우울한 시절과 무서운 사회를 원망하며 친구, 후배들과 어울려 술 먹고 놀았다는 이야기다. 거의 가난한 학생 처지였으나 어김없이 누군가 술값을 지불했고, 그게 공동체 구성원들에게는 너무 자연스러운 일이었다. '(아무 조건 없이) 서로 선물을 나누는' 코뮌Commune의 어원에 걸맞은 순정한 공동체였던 것으로 기억된다.

사회에 나와 첫 직장에서는 입사와 동시에 생활협동조합, 신용협동조합 조합원으로 저절로 가입되었다. 그게 무슨 의미와 효용이 있는 줄 잘 모르는 상태였다. 손해 볼 것 없는 노동조합 조합원으로도 가입했음은 물론이다. 사는 동네에서는 딸 아이를 유치원에 보내는 대신 '공동육아협동조합' 어린이집에 보냈다. 부모들이 교실을 빌리고 부모들이 교사를 뽑고 부모들이 청소했다. 아마 그때, 공동체나 협동조합은 하기 쉽지 않다는 교훈을 얻었을 것이다.

월급쟁이 생활을 그만두고 벤처회사를 공동으로 꾸릴 때는 감히 '대안공동체회사'를 표방하고 지향했다. 돈이 벌리지 않아 사장부터 말단직원까지 모두 똑같은 금액의 쥐꼬리 월급을 나눠 가졌다. 공동으로 귀농해서는 생태공동체마을 건설 패거리를 자처했다. 농장에서는 마을공동체 사업의 책임 주체로서 마을기업의 개념과 모델을 만들었다. 지금 사는 마을에서는 이장님 등 마을주민들과 '무주초리넝쿨마을협동조합'을 창업했다. '마을에서 먹고사는 법'을 주로 연구하는 마을연구소는 굳이 '코뮌랩Commune Lab'으로 부른다.

코뮌의 태동은 중세유럽의 시민사회

'코뮌Commune'을 사전에서 찾아보면 '생활공동체', '공동자치제'라고 풀이해 놓았다. 코뮌을 '공동체'와 동의어로 이해해도 크게 무리는 되지 않을듯하다. 즉, 코뮌은 사람들이 의도적으로 모여 함께 살며 공동의 이익, 재산, 소유, 자원, 심지어 일부에서는 노동과 수입까지 공유하는 공동체를 뜻한다.

이 같은 코뮌에서는 공동체 경제뿐 아니라 합의를 통한 의사 결정, 위계가 없는 사회 구조, 환경친화적인 삶을 핵심 원칙으로 삼는 게 특징이다. 1990년대 이전 일부의 오해나 편견처럼 마치 자유연애주의를 표방하는 사이키델릭한 히피들의 피난처나, 대규모 공산주의 정치단체를 떠올릴 필요가 없는 것이다. 오히려 체계적이고 경제적 능력이 있는 실용주의에 바탕을 둔 협동조합 같은 경제공동체, 생활공동체가 코뮌의 본 모습이라 할 수 있을 것이다.

이러한 코뮌의 역사는 중세 서유럽으로 거슬러 올라간다. 일찍이 중세 서유럽에서는 코뮌이 최소 행정구역으로서 지방자치제의 뿌리를 이루었다. 중세 중기부터 북부 발트해, 서남부 아드리아해 서안의 도시들은 코뮌이라는 지방자치제를 이루었다. 일단 코뮌의 구성원인 시민들이 서로 보살피고 돌보겠다는 상호서약으로 굳게 결합되어 있었다. 모든 시민은 동등한 권리와 의무를 공유하고 분담했다. 중세 초기 영주에게 보호받는 대신 충성을 서약했던 봉건사회의 충성맹약을 벗어난 것이다.

특히 중앙의 정치권력이 느슨하고 무역 등 지역경제가 발달한 베네치아 등 이탈리아 북부, 프랑스 남부 플랑드르 지방의 일부 코뮌은 사실상 자치권을 행사할 수 있었다. 코뮌의 실력자는 사법권과 행정력을 행사하는 조합이나 지역공동체를 앞세워 코뮌 구성원인 시민들을 관리하고 변경의 농촌지역을 지배할 수 있었다. 결국, 경제력이 자치권을 보장할 수 있었다. 평소 "먹고사는 문제가 해결되지 않는 공동체는 공허하니 마을기업이 마을공동체의 중심 주체로 서야 한다"는 지론을 설파하는 편이다. 중세 유럽의 코뮌을 개인적으로는 마을공동체방법론의 역사적 논거로 삼을만하다.

지방자치 분권과 사회적 자급경제의 원형, 농촌 코뮌

중세 유럽의 일부 농촌지역에도 목초지를 관리하는 등의 집단적인 농민조직으로 구성된 코뮌이 있었다. 하지만 도시만큼 정교하고 안정된 자치제도는 아니었다. 무엇보다 도시든, 농촌이든 당시의 코뮌은 민주적이었다기보다 일부 권력자가 지배하는 과두정치 체제가 일반적이었다. 그런데도 시민들은 자치권을 행사하는 코뮌의 구성원으로 생활하면서 민주적인 사회와 정치를 체험하고 체득하는 교육효과를 거둘 수 있었다.

중국도 농촌지역이 집단농장에서 비롯된 인민공사[people's commune]가 지방자치제의 근간인 '코뮌'으로 작동했다. 1958년에 대규모 지방조직으로 전격 도입했다. 시작은 집단농장의 통합 형태였으나 농업활동에만 국한되지 않았다. 지방 정부를 감독하고 모든 경제·사회 활동을 관리하는 다목적 조직으로 확장된 것이다. 가장 작은 구성단위인 생산대生産隊가 상주조직인 생산대대生産大隊를, 생산대대가 모여 인민공사를 이루었다.

인민공사 코뮌의 행보는 그야말로 혁명적이었다. 특히 대약진운동(1958-60) 기간에는 개인의 사유토지를 몰수해 공동으로 소유했다. 그리고 누구에게나 동일한 임금을 지불했다. 하지만 경영난 등 시행착오를 겪은 1961년 이후 몰수했던 사유 토지는 농민에게 돌려주고 작업량에 비례해 임금이 차등 지급되었다. 대대적 조직개편을 통해 조직의 평균 규모를 축소하고 지방의 생산대에 더 많은 자치권한을 이양하였다. 결과적으로 책임을 전가하려는 의도도 혼재되었을 것이다.

문화대혁명(1966-76)을 거치면서 인민공사는 대혼란기를 겪는다. 엄격히 조직화되면서 지방자치의 정신과 질서는 파괴되었다. 생산량 결정의 책임을 생산대대와 인민공사, 심지어 공산당 간부와 군대가 전적으로 책임을 지게 되었다. 자치권도 강화되었지만, 책임감도 증폭된 것이다. 마침내 개인의 토지소유와 작업량에 따른 차별적 임금지불 자체가 반혁명적이라는 비판을 받으면서 존립기반 자체를 공격받았다.

1976년 마오쩌뚱 사후 근대화 개혁바람, 또는 자본주의 세계화 바람이 불면서 공산주의국가로서는 유례없는 지방자치와 개인의 자율이 인민공사에 부여되기도 했다. 어쩌면 사회주의 공동체 소멸의 전조와 같은 것이었다. 결국 1979년부터 인민공사는 점차 해체되고 사유토지에서 경작한 농산물을 시장에 내다 팔게 된 자영농민들 각 개인이 공동체(코뮌)의 역할을 대신하게 되었다.

파리 코뮌처럼 공동체는 '서로 선물을 나누는 인간집단'

무엇보다 코뮌을 생각하면 저절로 파리 코뮌부터 떠오른다. 프랑스-프로이센 전쟁에서 프랑스의 패배와 나폴레옹 3세의 제2제정(1852-70)이 몰락하는 과정에서 1871년 3월 18일부터 5월 20일까지 파리를 지배한 세계 최초의 '노동자 자치 사회주의 민주 정부'가 연상된다. 그리고 곧바로 이어서 2016년 한국의 촛불 시민혁명 같은 상황이 그대로 겹쳐진다.

당시 코뮌 정부에서 자코뱅파, 프루동파 등 내부 분열이 있었으나 채택한 강령은 종교에 대한 지원 폐지, 10시간 노동, 제빵공의 야근 철폐 등 가히 혁명적이었다. 하지만 리옹·생테티엔·마르세유·툴루즈 등지에서 일어난 코뮌은 곧바로 진압되고 파리 코뮌만 홀로 남았다. 군사조직을 갖추지 못한 코뮌 병사들은 베르사유 정부의 정규군과 맞서기엔 중과부적이었다. 공동체가 지속가능하려면 경제력뿐 아니라 공동체를 보호하고 방어할 수 있는 자구책을 갖추어야 한다는 역사적 교훈을 얻는다.

이처럼 중세 유럽의 코뮌이나, 중국의 인민공사나, 파리 코뮌, 그리고 오늘날 공동체를 표방하는 수많은 사례 속에서 "얼마나 공동체를 하기 어려운지" 성찰과 시행착오의 교훈을 얻는다. 새삼 코뮌 같은 공동체(Commune, Community)의 의미부터 되짚어볼 필요가 있다. "공동체를 왜 하는지" 깨달으려면, "공동체가 대체 무엇인지", "공동체를 통해 무엇을 하고 싶은지" 먼저, 스스로 확인할 필요가 있는 것이다.

공동체(Commune, Community)는 라틴어 'Cum'과 'Munus/Munere' 가 어원이다. 여기서 'Cum'은 함께[together], 서로 간에[among each other]의 의미이고, 'Munus'는 선물[gift]을, 'Munere'는 준다[to give]를 의미한다. 그렇다면 흔히 공동체로 번역해 사용하는 코뮌Commune이나 커뮤니티Community란 결국 '서로 간에 선물을 주는 것'이라는 의미로 해석할 수 있다. 나아가 '서로 선물을 존중하고 그들의 선물이 언젠가 어떤 방식으로든 반드시 보답을 받을 것이라는 믿음을 갖고 사는 인간집단'을 곧 '공동체'로 정의내릴 수 있다. 벨기에의 국제금융학자 베르나르 리에테르Bernard Lietaer의 풀이다.

공공성은 공정한 국가 등 공동체를 담보하는 열쇠

그렇다면 공동체는 어떻게 하면 되나. 또는 공동체 안으로 어떻게 들어갈 수 있나. 일본의 정치학자인 사이토 준이치의 「민주적 공공성」을 찾아 읽어보면 어느 정도 실마리가 풀린다. 그는 일단 공동체와 공공성[offentlichkeit]의 차이를 대비해 설명함으로써 공동체의 정의와 개념을 실감 나게 형상화한다. 공공성이 성공적인 공동체로 들어가는 열쇠임을 알려준다.

우선 공공성은 폐쇄성을 갖지 않지만 공동체는 '바깥'을 형상화함으로써 '안'을 형상화한다고 말한다. 또 공공성은 복수의 이질적인 가치, 의견 '사이'에 생성되는 공간이지만 공동체는 균질한 가치로 채워진 공간이라는 것이다. 아울러 공공성의 통합매체는 사람들 사이에 존재하는 일, 발생하는 관심 등으로 차이를 조건으로 하는 담론의 공간이지만 공동체는 그 구성원이 품고 있는 정념, 가령 애국심 같은 정서에 기댄다고 주장한다.

결국 공공성은 정체의 공간이 아니지만 공동체는 일원적, 배타적 귀속을 요구한다는 것이다. 따라서 공공적인 것에 대한 헌신, 혹은 충성이라는 말은 명백한 형용모순일 뿐이다. 가령 국가가 강제력을 가지고 실현해야 할 가치를 해석하고 정의하는 것은, 국가가 아니라 공공성이라야 한다. 지난날 일부 권력자에게 사유화된 대한민국은 국가공동체는 고사하고 공공성이 부재하거나 상실한 무정부 상태에 다름 아니다.

이 같은 사이토 준이치의 설명을 통해 공동체를 이해하려면, 그러니까 공동체 안에 들어가거나 공동체를 이룩하려면 '공공성'을 잘 이해하는 게 중요하다는 각성에 이르게 된다. 그가 말하는 공공성이란 널리 사회 일반에 이해 관계가 있는 성질을 말한다. 가령, 대기, 물, 토지, 강, 바다 등의 환경에는 공공성이 있으므로 누구라도 그 혜택을 받을 수 있으며, 어느 한 개인이 이익을 독점할 수 없다는 것이다.

따라서 공공성이란 강제, 권력, 의무와 같은 국가에 관계된 공적인 것[official], 공통의 이익, 규범, 관심사 등 모든 사람에 관계된 공통적인 것[commom], 정보공개, 공원 등 누구에게나 열려있음[open]의 특징을 지닌

다. 가령 '시장'은 동일한 가치의 화폐가 매체이고, 비인칭의 공간이므로 공공성의 공간이 아니라 공동체적 구속으로부터 탈출이 가능한 자유의 공간인 것이다.

한국의 공동체 · 조직체 · 결사체와 독일의 게젤샤프트 · 게마인샤프트 · 게노센샤프트

사회학자 전병재는 "우리 사회의 기초질서가 무너지고 있는 것은 생활공동체가 허물어져 가고 있기 때문"이라며 "이를 해결하기 위해 '공동체 운동'이 무엇보다도 우선되어야 한다"고 주장한다. 그는 공동체를 이야기할 때 '공동체, 조직체, 결사체'라는 세 가지 개념으로 그 차이를 비교하며 나누어 설명한다.

우선 '공동체'는 구성원 간의 '우리'라고 하는 정서적 동질성을 기반으로 이루어지는 사회집단이다. 가족에서부터 시작해 인류 전체로 나아간다. 또 인접성을 기초로 형성되는 지역성, 자신의 선택의지와 상관없는 숙명성 등과 함께 구성원 간의 관계가 규범적이거나 기능적인 것이 아니라 정情에 기대는 정서적이란 점 등을 지니고 있다. 특별한 목적이 없이 놀이, 도덕, 자치 등의 덕목이 중요시되는 가정, 이웃 등을 '운명공동체'라 할 수 있다.

'조직체'는 주어진 목표를 효과적으로 수행하기 위해서 '능력 함양'을 목적으로 수단합리적으로 만들어진 집단이다. 결사체가 가치합리적이라면 조직체는 수단합리적인 모임이다. 따라서 일, 법규, 통치, 의意 등의 덕목을 중시해 회사나 군대처럼 역할과 능력이 중시되고 기율과 통제가 강조된다. '결사체'는 어떤 가치를 추구하기 위해서 '진리 탐구' 등 뜻을 같이하는 사람들끼리 의도적으로 결성하는 지知적인 집단이다. 가치실현보다는 공부, 윤리, 정치 등 가치추구에 뜻을 두는 대학, 정당 등이 대표적인 사례다.

독일의 사회학자 퇴니에스Ferdinand Tönnies는 게마인샤프트, 게젤샤프트로 공동체의 개념과 가치를 비교해서 정립했다. 공동사회共同社會를 뜻하는 게마인샤프트Gemeinschaft는 전통이나 관습·종교가 강력히 지배하는 사회다. 정서적 일체감 속에 사람들이 융합적으로 생활하므로 폐쇄적이고 전통적인 작은 사회에서 성립되고 지속될 수 있다.

사회가 확대되고 개방되면서 게마인샤프트는 이익사회利益社會인 게젤샤프트Gesellschaft 시대로 이행하게 된다. 이런 사회에서는 누구든 적어도 자기가 준 것과 동등하다고 생각되는 반대급부나 답례가 없다면 이타적이거나 헌신적으로 되지 않는다. 그래서 항상 사람들 사이에 긴장관계가 형성되고 개인의 원자화와 소외가 초래된다. 결국 오늘날 현대 자본주의 시대의 사회적 인간의 몰락으로 귀결된다.

독일의 법학자 기르케Giertke가 사용한 게노센샤프트Genossenschaf는 게마인샤프트Gemeinschaft와 게젤샤프트Gesellschaft를 종합한 개념으로 볼 수 있다. 단체 또는 조합협동체를 말한다. 구성원의 협동을 기초로 하여 인위적으로 형성된 사회 형태이다. 무주초리넝쿨마을의 마을공동체 사업을 책임지기 위해 마을주민들이 함께 세운 '무주초리넝쿨마을협동조합'이 바로 게노센샤프트의 전형이라 할 수 있을 것이다.

1.3

마을공동체는 어디에 있나

마을공동체도 87년 체제에서 벗어날 때

그림 1-3 무주초리넝쿨마을 마을학교

그런데 마을은, 공동체는 다 옳은가? 세상에 이 곳 말고 다른 곳은 없는가. 이 길 말고 다른 길로 가면 안 되나. 사람이 살만한 마을은, 공동체는 대체 어디쯤 있는가. 있기는 한 것인가.

도시를 떠나 농촌마을로 내려와 살아갈수록 이런 의심과 오해가 줄어들지 않는다. 해소되기는커녕 자꾸 점증한다. '마을에서 먹고사는 법'을 고민하고 연구할수록 예측가능하지 않은 마을생활의 미래가 불안하다. "마을에서 사람 꼴을 하고, 사람들과 더불어 먹고사는 건 힘겨운 일"이라는 합리적 의심만 굳어진다. 무력감이나 패배의식이 자꾸 시비를 건다.

알고 보면 전적으로 개인의 무능력과 무기력이 문제의 근본 원인은 아닌듯하다. '마을에서 사람답게 먹고사는 일'은 개인의 노력이나 힘으로는 한계가 있다는 생각이 든다. 과학적인 분석의 결과는 아니지만 살아보니 그렇게 체감된다. 결국 마을이 문제가 아니고 나를 둘러싼, 마을에 딛고 선 사회가, 국가가 문제라는 확신에 이르렀다. 도시난민 처지 일 때는 물론이고 마을로 하방해 마을주민으로 살면서도 '먹고 살아야 하는 공포', '타인이 가하는 상처와 불신'은 끝내 해소되지 않는다는 교훈을 얻는다.

아무리 마을 속으로 깊이 들어가 조용히 지내려 숨죽여도 마찬가지다. 설사 마을에서 벌어지는 사소한 문제라 해도 결코 개인들끼리 사사롭게 해결할 수는 없는 경우가 다반사였다. 요행히 지구 끝이나 하늘 끝에 닿는다고 해도 인간으로 살아가는 이상, 국가나 정부의 통제와 지배에서 자유로울 수 없을 것이다. 개인주의나 무정부주의로 철저히 무장해도 별 소용이 없었다. 결국 공공이 개인을, 사회와 국가가 마을과 마을사람들을 보살피고 돌보지 않으면 마을에서 잘 살아갈 수 없다는 게 결론이다. 마을공동체는 국가나 정부 앞에 아직 역부족인듯하다.

그런 사실과 진실을 국가와 정부를 전혀 모르지 않을 것이다. 하지만 국민 앞에 진실을 말하지 않는다. 오히려 마을 앞에서 당당하거나 오만하다. 심지어 마을이나 공동체가 먹고사는 책임은 온통 마을사람 너희들에게 있다고 자꾸 주입하고 겁박하고 있다. "너희들끼리 자급하고 자조하고 자치해서 끝내 자족하라"는 것이다. 그토록 미신 같은 '마을공동체론' 또는 '사회적경제기술'을 법으로, 제도로, 정책으로 만들어 시중에 무차별 유포하고 선동하고 세뇌하고 있다. 심지어 본디 마을도 아닌, 마을이 될 수 없는 도시에서, 단지 마을을 그리워할 뿐인 순진하고 순정한 도시민들에게까지.

사회와 국가가 마을공동체에 책임을 전가했다는 의심이

그렇다면 이런 의심에 자꾸 사로잡히게 된다. 중세 봉건사회 이후 산업화, 근대화 시기에 일찍이 사회와 국가가 마을공동체에 먹고사는 책임, 안전하게 살 책무를 온통 떠맡긴 건 아닐까. 순진하고 선량하기만 한 신민들은, 마을사람들은, 또는 시민과 국민은, 권력과 자본의 고도의, 또는 치졸한 기획과 상술에 말려든 건 아닐까. 마치 재고 시멘트를 처분하느라 우발적으로 저질러진 한국의 전근대적인 새마을운동 같은 공권력의 장난에 거국적으로, 총체적으로 온 국민이 휘말려든 것처럼.

그렇다면 오늘날, 마땅히 사회와 국가가 책임져야 할 사회적 의무와 국가적 과제까지 운명처럼, 원죄처럼, 천형처럼 당연하다는 듯 마을이 떠안게 된 건 아닐까. 그런 억울한 생각이 들면서 답과 끝이 잘 보이지 않는 마을공동체의 활로를 고민하고 걱정하다 보면 저절로 화가 난다. 결국 국가나 정부가 책임을 지지 않으려고 우리 국민, 시민, 주민에게 짐을 떠넘긴 꼴이 아닌가. 대체 왜, 가뜩이나 개별화, 파편화, 원자화된 무력한 시민들이 이런 난제를 붙들고 씨름을 해야 하는가.

사실 마을공동체를 잘하기 위해 필수적으로 선행, 선결되어야 할, 서로 믿고 돕고 보살피고 돌보는 '사회적 자본'의 기술, 서로 사이좋게 나누며 먹고사는 '사회 안전망'의 기반, 서로 싸우지 않고 사이좋게 지내는 '자유와 평화'의 방법은 본디 사회와 국가가 가지고 있는 것 아닌가. 그렇다면 그런 무책임하고 비겁한 국가와 정부에게 성실하게 세금을 갖다 바치는 우리는 이제 무엇을 해야 하고, 무엇을 하지 말아야 하는가. 혁명하지 않고 얼마나 더 참고 버틸 수 있는가.

괜히 아무 힘도, 답도, 전망도 가지고 있지 않은 마을에서, 마을사람들끼리, '마을공동체'를 계획하고 건설하다 보니, 밑도 끝도 없는 지리멸렬한 소모전에서 빠지는듯해 곤혹스럽다. 심지어 마을이나 공동체의 겉모습이 마치 행정의 말단 심부름꾼이나 대학교 동아리처럼 변형되지는 않았는가. 마을학교나 마을축제가 마치 말장난이나 소꿉장난, 또는 이벤트나 퍼포먼스처럼 변질되지는 않았는가. 마을정책이나 제도가 미봉책이나 위무책에 불과한 진통제나 신경안정제의 약효에 그치지는 않았는가. 마을공동체를 염원하다보면 이런 소모적인 걱정과 우려를 좀처럼 멈출 수 없다.

정부가 개발하는 마을, 정부가 재생하는 공동체가 '마을공동체'?

그런데도 마을을 만들려는, 마을공동체를 하려는 노력은 민과 관을 넘나들며 줄기차게 이어진다. 특히 예산을 틀어쥐고 있는 정부가 마을공동체사업을 주도하는 형국이다. 행정안전부, 농식품부, 심지어 국토교통부 등에서 매년 수조 원의 간접지원방식 보조금 예산이 투여된다. 지난 십여 년간 이런 방식의 사업에서 온갖 시행착오를 반복하며 겪은 사업의 어려움과 문제를 정부는 모를 리 없을 것이다. 그래서 '마을공동체나 지역공동체를 잘 개발하려는' 사업지침과 관련 법률 또한 부단히 개정하고 제정한다. 하지만 그 정책 효과는 늘 기대에 못 미친다.

행정안전부는 마을과 지역공동체 관련 정책의 책임부처로서 이른바 '공동체사업 수행지침서'를 펴내기에 이르렀다. 이름하여 '공동체 활성화를 위한 길라잡이'다. 이 지침에서는 지역공동체를 이렇게 개념 짓고 있다. '지역성, 사회적 상호작용, 공동의 유대를 바탕으로 특정 지역을 기반으로 하여 그 구성원들이 상호 안정성이 높은 상태에서 긴밀한 관계를 형성하고 자신들이 같은 공동체에 소속되어 있다는 일체감을 갖는 상태.'

이러한 정부주도형 지역공동체는 '지역을 기반으로 더불어 살아가는 것'을 정책목적으로 삼는다. 이를 가능하게 하는 것, 또는 촉진시키는 것은 신뢰와 협력의 사회적 환경, 즉, 사회적 자본[social capital]이라고 진단내리고 있다. 그렇다면 정부가 지향하는 마을(지역)공동체는 '협력과 신뢰의 공동체 관계망'에 다름 아닌 것이다. 그런데 정책의 목적도 정확하고, 진단도 근본적인데, 왜 정부가 주도하는 공동체사업은 시행착오와 오류를 반복하고 있는가. 그 원인은 한국적 농촌지역개발사업의 흑역사, 그 태생적 한계와 오류에서 벗어나지 못하고 있기 때문이다.

한국 정부의 마을 또는 지역공동체 정책의 출발지점은 1958년으로 거슬러 올라간다. 이른바 지역사회 개발운동의 효시라 할 수 있는 '부락민

자조개발 6개년 계획'이 시행되었다. 이어서 1961년 국가재건국민운동, 1970년 새마을운동 등, 1950년대부터 1970년대까지 20여 년 동안 '공동체 재건과 산업화'라는 목표에 집중한 지역공동체 정책이 이어진다.

1987년 민주화투쟁 이후 민간주도, 생태공동체운동이 태동

그리고 1980년부터 10여 년 동안은 '정주환경 개선, 생활권 개발'에 매달렸다. 시장 개방을 시대적, 사회적 배경으로 깔고 기반시설, 정주환경을 중심으로 정주생활권 개발사업이 마을단위로 추진되었다. 주로 토건공학에 의한 물적 기반 조성과 기능적 정비라는 전시행정의 정책목표에 초점을 둔 셈이다.

1987년 민주화투쟁 이후 마을에도 민주화바람이 불었다. 민간 차원의 자생적 마을공동체운동이 촉발된 것이다. 1990년대 들어 지방자치제가 시행되면서 지역단위 공동체 제도도 본격화되었다. 지자체는 물론 중앙정부도 주민참여, 상향식의 마을만들기에 나섰다. 2000년 진안군의 '주민주도 마을만들기'가 대표적인 사례다. 2000년대 중후반부터는 서울 등 도시에서도 마을공동체 사업이 전개되었다. 소외, 단절, 사회적 인간의 몰락 등으로 나타난 현대 도시사회의 병리현상이 심각하다는 위기의식의 발로로서 '이웃과 더불어 살아가는 따뜻한 공동체'의 가치를 추구하고 있다.

이른바 한국의 생태공동체운동 또한 민주화투쟁 이후인 1990년대부터 본격 싹을 틔웠다. 사회의 민주화, 경제의 선진화가 급격히 진행되면서 새로운 삶의 방식과 대안을 찾으려는 기층 민중의 요구가 분출한 것이다. 다만 오늘날 대표적인 생태공동체의 사례들은 그 이전에 이미 자생적으로 태동한 경우가 적지 않다. 경기도 화성 야마기시山岸 경향실현지, 경남 함양 두레마을, 전북 부안 변산공동체, 경북 울진 한농복구회 등의 정주형 생태공동체들과 홍성 문당리 친환경농업마을, 남원 실상사 들녘공동체, 장성 한마음공동체 등의 지역공동체들이 속속 모습을 드러내기 시작했다.

한국적 생태공동체의 원형과 본질은 '마을'에서

황대권 등 국내 생태공동체운동가들에 따르면, 한국에서 생태공동체운동은 미국, 유럽 등 서구 선진국에 비해 30년 이상 뒤졌다는 평가다. 역사적으로 유럽에서는 신사회운동의 기폭점을 1968년 68혁명으로 간주한다. 직후 유럽에서 세계로 공동체운동이 민들레홀씨처럼 퍼져나가기 시작했기 때문이다. 이 무렵 한국의 3공화국은 딴 세상이었다. 군부독재정권이 국가주도 경제일변도 개발정책 드라이브를 걸며 조국 근대화, 산업화, 도시화로 국민을 내몰던 반혁명적인 암흑기였다.

그 시절, 그런 한국에서는 오직 먹고사는 게, 남을 이기고 살아남는 게 최고의 목표이자 지고의 가치기준이었다. '생태'니 '공동체'니 하는 배부른 철학이나 비전이 생활에 개입될 여지가 전혀 없었다. 그러나 이제는 한국도 배가 고프거나 굶어 죽을 지경의 상황은 벗어난 셈이다. 국민 대다수는 양극화의 수렁 속에 빠져있으나 그 속을 잘 모르는 세계 자본주의 진영에서 나름대로 선진국 대접까지 받고 있다. 진보적 지식인이나 생태적 활동가들을 중심으로 더 이상 '생태공동체'가 유럽 등 서구 선진국의 전유물이 아니라는 사회적 인식과 인간적 각성도 충만하다.

1990년대와 2000년대를 관통하면서 어느덧 한국의 생태공동체[Ecological Community]는 저마다 정치, 영성, 교육, 치유, 과학 등과 같은 특정 목적을 중심에 놓고 그 가치체계를 지향하고 있다. 무엇보다 생태공동체를 하려면 애초에 정체성과 목표의식 부터 명확히 할 필요가 있다. 공동체의 역할과 기능, 목표와 존립이유가 무엇인지 분명한 자기확신과 미래비전을 설정해두어야 한다. 한마디로 "왜, 공동체를 해야 하는지" 스스로부터 설득할 수 있어야 한다.

하지만 한국적 생태공동체를 이식하거나 조성할 기반 환경은 이미 좋지 않다. '현대 대한민국 자본주의 체제에 포섭되고 포위된 '한국의 마을'은 고유의 정체성을 잃어버리고 있다. 다수가 일개 관료적 행정 단위에 불과한 존재로 전락하고 말았다. 농촌관광마을이니, 농촌체험마을이니 '돈벌이'에 급급한 일부 관제 기획마을이 대표적 증상이다. 여러 마을을 동일한 생활권, 경제권 또는 생태적이고 인문지리적인 동질성으로 한데 묶은 면, 읍, 시·군 단위의 지역공동체는 공동체로서의 진정성이나 지향점이 약화되거나 상실한 지 오래다. 심지어 과소화 지점을 이미 지나쳐 공동화의 단계로 접어든 곳도 적지 않다. 한국의 농촌마을, 생태마을이 점점 병약해지고 죽어가고 있다. 그렇다면 마을공동체가 살아남기 위해서는 87년 체제의 한국형 마을공동체 방법론에서 이제 벗어나야 하는 건 아닌가.

1.4

생태공동체를 어떻게 하나

청학동, 아미쉬 말고 다른 길도 있다

그림 1-4 독일의 생태수도 프라이부르크

그렇다면, 생태공동체마을은 어디로 가야 찾을 수 있나, 어떻게 만들어야 하나.

생태공동체마을[Eco-Village]은 그다지 멀리 있지 않다. 지리산 자락의 자연인으로 깃들거나 머나먼 유럽, 미국, 인도의 이상향으로 떠날 필요도 없다. 이상적인 한국적 생태공동체의 원형은 바로 우리 조상이 살던 전통마을 속에 남아있다. 우리 전통마을은 곧 일과 삶이 하나 되는 마을 공동체였다.

오늘날, 마을공동체에 대한 각종 실망과 난관에도 불구하고, 그런데도 "다시, 마을이다", "마을이 출구다"는 희망은 여전히 유효하다. 어차피 일부 가진 계급이 지배할 수밖에 없는 국가나 세계는 대다수 사람들에게 대안일 수 없다. "그럼에도 불구하고, 살아가겠다"고 다짐하는 한, 마을보다 더 나은 대안은 아직 보이지 않는다.

물론 이 말은 지리산 청학동이나 미국의 아미쉬Amish 공동체처럼 반드시 과거의 자연으로 회귀하자는 말이 아니다. 전통적인 농경시대 마을의 주거환경과 생활방식을 복원하자는 말도 아니다. 결코 시대를 착오하면서까지 문명의 위기에 과잉대응하자는 선동이 아니다. 지역성, 구성원끼리 인간적 유대감이 살아있는 마을공동체의 특성을 되살리자는 것이다. 주어진 현대적 조건에서 생태공동체의 전범으로 삼을만한 마을공동체를 새롭게 구현해내자는 것이다.

여전히 "생태공동체란 무엇인지" 정확히 실감나거나 파지되지 않을 때, 황대권 등 국내 생태공동체운동가들의 의견을 경청하면 이해도가 높아질 수 있다. "공동체란 공동의 관심과 이익을 추구하는 사람들이 지닌 '마음상태'로서 이해 당사자들의 요구와 지향에 따라 특정한 장소나 사회에 다양한 형태로 나타난다"는 정의를 공유하면 된다.

유통, 생산, 치유, 영성, 교육, 생태, 지역을 공동체의 화두로

그런 관점에서 마을공동체가 한국적 생태공동체의 전범으로 계획되고 건설되려면 지켜져야 할 근본적인 원칙들도 살펴볼 필요가 있다. 현대

한국 자본주의 사회의 적폐를 해소하고 신사회구조로 혁신할 대안사회를 건설하는 일종의 규범이자 수칙이라 할 수 있다.

"사회구성원은 신분, 인종, 성, 지식, 자본, 기술에 상관없이 평등하다. 경제적 자립과 사회적 자율을 지향한다. 사회의 규모를 가급적 작은 단위로 나눈다. 이는 '자립과 다양성이 확보될 만큼 충분히 크고 직접민주주의를 통한 자치를 실현할 만큼 충분히 작은 규모'를 말한다. 지역 내 재생가능한 에너지와 자원을 활용한다. 적정기술을 연구하고 생태적이고 인간적인 기술을 개발한다. 일터와 살림터를 자연친화적으로 조성한다. 일과 놀이, 교류를 공동체적으로 풀어나간다. 그리고 일상생활에서조차 영성을 추구한다."

그동안 이러한 기본 원칙과 실천수칙을 바탕으로 삼아 조성되고 운영되는 한국 생태공동체들은 그 설촌목적과 추구가치에 따라 다종다양하게 분류할 수 있다. 유통(네트워킹)중심 공동체, 생산 중심 공동체, 치유 중심 공동체, 교육 중심 공동체, 종교 영성 공동체, 사회복지 공동체, 생태마을, 지역공동체 등으로 대별할 수 있다.

우선 유통 중심 공동체로는 원주의 한살림, 홍성의 풀무생협, 구례의 아이쿱생협(자연드림파크) 등을 비롯한 지역의 각종 생협을 대표 사례로 들 수 있다. 생협이란 이웃과의 협동을 통해 삶의 질을 높이고 건강한 사회를 이루려는 사람들이 모인 비영리단체로서 식품안전, 교육, 육아, 여성, 환경, 농업 등 일상 생활문제에 대해 구성원 스스로 대안을 만드는 조직이다. 또 자신의 삶과 사회를 개선해 나가는 협동조합 운동체이다. 스위스는 생활소비재 유통시장의 70%를 미그로Migros, 코프Coop 양대 생협이 장악할 정도다.

생산중심 공동체는 괴산 눈비산마을, 장성 한마음공동체, 경기 화성 야마기시 경향실현지, 울진 한농복구회, 부안 변산공동체와 산들바다공동체, 괴산 솔뫼협동농장 등이 있다. 특히 농적 가치를 신념으로 삼는 귀농인들을 중심으로 철저한 유기농업에 기초한 자급자족 경제, 도농직거래 유통구조로 운영되는 게 특징이다.

치유중심 공동체는 원주, 안성 등의 의료생협, 교육 중심 공동체는 산청, 제천, 금산의 간디학교를 비롯한 각종 대안학교를 말한다. 특히 교육공동체는 학교라는 하드웨어, 교육프로그램이라는 소프트웨어를 마을에 창작, 이른바 '온 마을이 한 아이를 키우는' 마을교육공동체로 들어가는 가장 효과적인 관문이자 방법으로 삼고 있다.

종교 영성 공동체는 태백 예수원, 함양 두레마을, 단양 산위의 마을, 산청 민들레공동체, 사회복지 공동체는 화천 시골교회, 영광 여민동락공동체 등을 꼽을 수 있다. 생태마을은 보은, 영암, 고흥의 선애빌마을, 산청 간디학교의 각 배후마을, 장수 하늘소마을, 무주 진도리 광대정마을 등이 대표적이다. 여기에 마을과 마을을 묶는 지역공동체로는 홍성 문당리, 운월리를 비롯한 홍동면 일원, 남원 산내면의 실상사 들녘공동체 등을 들 수 있다.

한국 생태공동체의 추진전략은 투 트랙Two Track

한국의 생태공동체 만들기는 대체로 투 트랙Two Track의 전략과 흐름으로 시도되는듯하다. 한 축은 기존에 형성된 자연마을을 중심으로 생태마을로 전환해 나가는 방법이다. 또 하나의 축은 임야 등의 빈 터를 찾아 고도의 기획서와 설계도에 따라 아예 새로운 마을을 계획공동체로 만드는 방법이다. 심지어 부동산기획업체가 생태마을을 상업적으로 표방하며 마을을 잘 모르는 은퇴자 귀농인들을 유인, 호객하는 사례도 적지 않다.

생태마을을 추진하는 주체가 누구냐에 따라 다시 투 트랙으로 나뉜다. 정부 주도와 민간 주도의 두 가지 방식이다. 정부 주도 또는 하향식 전략의 경우, 녹색농촌체험마을, 생태산촌마을, 신규마을, 농촌마을종합개발사업 등 농촌체험관광, 6차 산업화를 비롯한 농촌지역 소득증대 사업을 목적으로 추진되고 있다. 하지만 사업의 이해가 부족한 내부 주민들은 배제되거나 소외될 위험이 상존한다. 보조금 예산을 쥐고 있는 행정과 용역 등 외부주체에 의해 전시행정용 토건사업에 치우치는 등 부작용과 문제점이 빈발, 상존하고 있다.

반면 민간에서 자생적으로 주도하는 계획공동체 생태마을 전략은 나름대로 진지한 철학과 실천을 담보하고 있다. 생태사회 또는 미래 대안사회로 나가기 위한 도전적, 실험적 시도가 동인이다. 특히 87년 민주화투쟁 이후 촉발된 마을공동체 하방의 흐름을 좇는 역사적 진정성과 사회적 사명감도 띠고 있다. 따라서 앞으로 한국사회에서는 이처럼 "마을로 왜 내려가는지 자각하는" 민간 주도의 계획공동체 전략이 주류가 되는 게 바람직할 것이다.

다만 문제는 정부의 지원을 받지 않고 민간 주도로 계획공동체를 시도한다고 할 때 마을부지 매입, 주택 건축 등을 위한 적지 않은 자본력이 수반되어야 한다는 점이다. 또 막상 농촌에 내려가 농사를 지어서 가족이 먹고살거나 공동체 집단의 경영을 유지하는 일은 난이도가 높고 지난한 일이라는 점이다. 그렇다고 수익을 좇는 상업적 사업을 본격화하는 것도 생태공동체의 모습과 정체성에 어울리지 않는다. 생태공동체의 존립목적이나 이상과 배치된다. '먹고 살려고' 도시를 벗어난 게 아니라 '사람답게 살아보려고' 마을로 간 것이기 때문이다.

이 같은 현실적 어려움에도 불구하고 계획공동체 전략에는 개별귀농, 또는 정부 주도 마을만들기 사업에서는 결코 성취할 수 없는 장점과 매력들이 있다. 무엇보다 대체에너지를 이용한 생태주택이나 생태 하수처리시설 등을 체계적으로 디자인하는 등 미래에나 볼 수 있는 대안사회의 모습을 구체적으로 실행해볼 수 있다. 또한 대안학교, 적정기술 연구소, 문화예술 전시관, 공연장, 도서관과 책방, 공유사회주택, 마을카페 등의 작은 대안사회 프로젝트를 독자적이고 주체적으로 실시할 수 있다. 계획공동체에서의 생활과 생존과정 자체가 자기수행이나 영성수련이 될 수 있음은 물론이다.

한국에서 생태공동체를 하기위한 12가지 성공조건

한국적인 역사적 배경과 사회적 환경에서 생태공동체를 하는 건 용기 있는 선지자들의 용감한 실험으로 인정된다. 선험적으로 한국에서 생태공동체를 실험하고 있는 황대권 등 선지적 활동가들은 성공적 생태공동체를 건설하려면 갖추어야 할 조건을 이미 정리해두고 있다.

하나, 명확한 비전과 목표부터 세워야 한다. 혹여 공동체에 대한 막연한 환상이나 기대심리를 품고 마을로 들어온 사람들은 낙담하고 절망할 수 있다는 것이다. 그래서 희망과 평상심을 잃은 일부 구성원들에 의해 공동체가 상처를 입고 심지어 깨질 우려가 있다는 것이다.

둘, 토지문제에 대한 법적 소유권의 확인이 중요하다. 계획공동체의 경우 토지는 대체로 공동소유로 하고 회원들에게는 점유권만 주는 것이 일반적인 형태이다. 설사 개인소유라 할지라도 일반적인 부동산매매는 불가능하게 만드는 게 좋을 것이다. 독일은 장남에게 농사를 물려줄 때 농지를 온전히 모두 묶어 상속한다. 차남이 있다고 따로 분할해 상속하지 못하게 한다. 그러면 농장의 지속가능한 농사구조가 유지될 수 없기 때문이다.

셋, 권한과 책임, 재정에 대한 협약이 정해져야 한다. 좋은 게 좋다고 말로 약속하지 말고 반드시 성문화해두라는 당부다. 공동체의 생활에 대해 반드시 구성원들과 사전에, 충분히 상의한 다음 약정서를 써 두는 것이 중요하다.

넷, 공동체적 의식을 개발해야 한다. 의식은 구성원들을 하나로 묶어주는 상징적 행위가 된다. 특히 비종교공동체의 경우 집단 활동이나 모임 전후에 함께 할 수 있는 나름대로 공동체 의식을 개발해 공유해야 한다.

다섯, 회원의 역량 강화를 위한 교육, 프로그램을 개발해야 한다. 특히 공동체 운동에 있어서 가장 시급한 프로그램은 갈등 해결과 영성

[spirituality] 개발에 관한 것이다. 공동체가 깨지는 가장 큰 원인은 회원들 간의 갈등을 적절히 해소하지 못하는 경우다. 이럴 때 구성원 저마다 영성 개발을 해두었다면 갈등을 최소화하거나 어느 정도 방지할 수 있으리라는 진단이다.

한국적인 생태디자인, 대안기술, 사회적 경제, 지역 사회적 자본을 실천해야

여섯, 생태디자인과 생태건축을 실천해야 한다. 생활공간과 주변 환경을 생태적으로 디자인하는 것은 단기간에 결정될 일이 아니다. 이는 생태적 구상(주택 건축, 친환경농장, 하수 및 쓰레기 처리, 생활용수관리, 에너지, 토지이용 계획, 주변식생 영향력 평가 등)을 완성해 나가는 과정이다. 생태공동체에서는 생태적 디자인으로 설계하고 생태적 재료로 시공해 자신의 집을 스스로 지어보는 게 어떨까. 짐승도 제집을 제손으로 짓는다.

일곱, 대안기술 또는 적정기술을 개발하고 보급해야 한다. 대안기술을 개발하여 사용하는 것 자체가 대안적 삶이자 운동이다. 특히 지역의 공동체들이 해당 지역에서 대대로 계승돼 토착화된 전통기술들을 적극적으로 발굴하여 실용화하는 것도 중요한 사업이자 사명이 될 수 있다.

여덟, 생태적이고 지속가능한 경제구조를 갖추어야 한다. 농업을 기본으로 하되 다양하고 안정된 소득원을 창출해야 한다. 부지런하고 합리적인 독일 농부들도 “두 다리를 가져야 농촌에서 제대로 땅을 딛고 설 수 있다”고 자각하고 있다. 생태공동체는 창의적인 소규모 그린비즈니스

Green Business를 개척하고 영위해야 한다. 마땅히 이웃, 지역사회에 더불어 사회적 경제 모델을 추구해야 할 것이다.

아홉, 부조리하고 비합리적인 제도와 법률을 개선해야 한다. 특히 마을과 집이 들어설 토지와 건축에 대한 법률과 조례가 중요하다. 기존 NGO 및 사회단체들과의 연대와 네트워크 운동을 통하는 것이 현실적인 방법일 것이다. 생태공동체운동가 황대권은 생태공동체마을의 터전으로 삼은 영광에서 탈핵운동에 앞장서고 있다.

열, 공동체 지원 시스템을 강화해야 한다. 공동체가 형성되어 지속적으로 유지되기 위해서는 주위의 끊임없는 후원과 지원이 이어질 수 있는 시스템을 구축해야 한다. 산청의 민들레공동체는 연간 예산의 절반은 외부 후원네트워크에 기대고 있다고 들었다.

열하나, 지역성과 네트워크를 강화해야 한다. 공동체 운동이 대안이 될 수 있는 것은 지역성 때문이다. 공동체 운동은 중앙의 견제를 받지 않는 지역강화 운동, 곧 풀뿌리 주민자치운동이라고 할 수 있다. 지역에 대한 봉사에도 앞장서야 한다. 특히 지역에서 인력을 수급하고 지역에서 순환하는 유통구조를 만들려면 연대와 네트워크 등의 지역의 사회적 자본을 강화해야 한다.

열둘, 국제적 연대를 강화해야 한다. 지역화는 세계화와 동시에 이루어져야 한다. 국제연대를 통한 일상적인 교류와 협력은 국내 공동체운동에 활력을 불어넣어 주고 공동체운동의 세계적 확산을 촉진한다. 독일 농부들은 "먹거리로 다른 나라의 목을 조이지 않는다"는 약속을 60년 넘게 지키고 있다.

한국 생태공동체운동의 전망은 '오래된 미래마을'

한국의 생태공동체운동은 현재 진행형 또는 미래소망형이다. 1990년대 이후 본격화되어 전국 각지에 농촌생태마을, 귀농전원마을, 생협, 대안학교, 협동농장, 지역협동조합 등 다양한 생태공동체의 사례가 출몰, 산재해 있다. 토지와 자본의 한계, 공동 생존의 어려움, 개인주의와 이타주의의 불협화음 등의 본질적 원인 때문에 이상적 생태공동체마을 모델인 민간 주도의 계획공동체의 숫자나 성과는 여전히 빈약하다.

하지만 영성에 기댄 종교단체, 시민의식으로 다져진 NGO 등을 중심으로 끊임없이 준비되고 추진되고 있다. 최근에는 명상, 예술, 전통, 치유 등 고도의 정신적, 사회적 가치로 무장한 특정 분야의 사람들이 연구개발을 목적으로 테마공동체를 시도하는 사례도 늘고 있다. 심지어 마을과 대척점에 있는 도시지역에서도 생태육아공동체처럼 그 성격과 지향이 분명하고 필요한 공동체가 활동하고 있다.

특히 공동화, 형해화되는 농촌을 회생시키려는 농촌 정책 당국이나 각 지방자치단체마다 도시민유치프로그램의 일환으로 귀농인들의 전원마을을 유치하거나, 기존 농촌마을을 생태마을로 전환하려는 움직임도 적극적이다. 매년 수조 원의 관련 예산이 투여되고 있다.

그러나 아직 국내에는 성공적인 또는 완성된 생태공동체마을 사례를 떠올리기는 쉽지 않다. 또한 그 성공의 정도를 정성적으로 평가하는 것은 불가능하거나 무의미하다. 그 기준과 척도는 어떻게 정할 것인가에 대한 논의도 학계나, 업계에서 여전히 분분하다. 어쩌면 서로 너무도 다른 사람들이 한데 모여들어 함께 같은 곳을 바라본다는 것 자체가 너무도 지난한 실험이나 모험은 아닌가. 모험적인 이상이나 몽환적인 환상은 아닌가. 결국 과정만 있을 뿐 결과는 만질 수 없는 '아무도 가지 못한, 가지 말아야 할 길'은 아닐까.

하지만 명백한 사실은 생태공동체마을은 국가나 정부가 주도하거나 지원해서 될 일은 아니라는 점이다. 탁월한 선지자나 지도자가 "세상을 구원하려는" 혁명적 제도혁신의 산물도 될 수 없다. 그저 삶의 태도와 방식에 작은 변화를 주고 싶은 사람들이 살고 싶은 '사람 사는 세상'이었으면 한다. 그 '인간적인 너무도 인간적인 자연인들'이 작고 낮고 느린 몸짓과 마음가짐으로 겨우 살아가는 '오래된 미래마을'이었으면 한다. 그 마을의 형상이 굳이 구상이 아니고 추상이라도 상관없다.

2

마을시민과 마을주의자

2.1

마을시민론[Commune Citizen]

마을에 농민, 주민 말고 '마을시민'을

그림 2-1 다종다양하고 다채로운 마을시민들의 이야기, 『마을시민으로 사는 법』

농촌마을공동체를 되살리려면 농민, 주민 말고도 시민이 많이 살아야 한다. 마을에 사는 시민, '마을시민'이 많이 내려와 뿌리를 내려야 한다.

여기에서 말하는 시민은 도시에 사는 시민, 그 행정적 의미의 시민이 아니다. 근대 이후 사회에서 도시 지역이나 국가의 중심을 이루는 구성원이었던 그 '시민[Citizen]'을 말한다. 정치적 권리와 사회적 의무를 지는 존재인 그 '시민'이다.

이 같은 시민의 개념은 18세기 봉건사회를 혁파하려는 영국의 명예혁명, 프랑스의 프랑스혁명 등 '시민혁명'을 계기로 본격 등장했다. 특히 프랑스 혁명 이후 '인간과 시민의 권리선언' 제1조의 기본 원칙에서는 "인간은 자유롭게, 평등한 권리를 가지고 태어났다"고 천명한다. 제2조는 자유, 소유, 안전, 그리고 압제에 대한 저항으로 시민의 권리를 새기고 있다.

이처럼 시민과 민주주의는 본디 따로 떼어 생각할 수 없는 것이었다. 시민이 곧 민주주의의 주체이자 주인이기 때문이다. 시민이라는 개념의 탄생시점도 고대 그리스 아테네 민주주의에서 발원하고 있다. 바로 도시국가의 주권, 또는 참정권을 가진 계급이 시민이었다. 당시 시민의 개념은 공간적 시민, 경제적 시민, 정치적 시민 등 세 가지로 구분했다. 공간적인 개념은 시민의 형성 및 활동 공간으로서 도시의 거주민이다. 경제적 시민은 도시국가라는 공동체 내에 재산과 교양을 갖춘 사람이라는 개념이다. 정치적 시민은 공동체의 결정에 적극적으로 참여하는 능동적 존재라는 것이다. 현대적 시민의 개념과 크게 다르지 않다.

이후 봉건 귀족의 쇠퇴기에 새로운 시민들이 등장했다. 농업, 상업의 발전으로 자본을 축적한 신흥 유산계급들은 정치 권력에서는 소외되고 배제되자 불만이 쌓였다. 정치 참여를 요구하며 시민혁명을 일으켰다. 산업활동으로 부를 축적한 이들 자본가를 부르주아Bourgeoisie로 통칭했다. 자본을 기반으로 한 새로운 계급의 출현이다. 돈의 힘을 앞세운 이들은 구체제[Ancient Regime]의 지배계급에 대항하는 혁명적 성향을 굳이 감추지 않았다. 이념적으로는 자본주의에 편승해 구체제의 억압으로 벗어나려는 '자유주의'로 무장했다.

하지만 세상이 진보하면서 '시민'은 모든 사람을 보편적으로 일컫는 말이 되었다. 심지어 역사적 배경과 무관하게 국민 국가의 구성원을 포괄적으로 일컫는 '국가시민'처럼 국민과 동의어로 혼용되기도 한다. 그렇다면 오늘날 '시민'의 의미는 "자발적이고 능동적인 의사와 행동으로 근대국가에 주체로서 참여하고 국가를 이루는 구성원"에 가깝다고 규정할 수 있을 것이다. 지구촌 시대에 국가시민은 이미 세계시민으로 개념을 확장하고 있다.

문제는 사람, 진화한 마을시민이다

결국 문제는 사람이다. 농촌마을의 문제도 근본적, 궁극적으로는 사람으로 풀어야 한다. 농촌마을의 근본적 병인과 한계는 일단 사람의 절대적 양도 부족하고 사람의 근본적 질도 모자란다는 점일 것이다. 농촌마을에는 일단 일을 할만한 사람이 별로 없다. 있다 해도 거의 농사기술 전문가 말고는 없다. 그것도 노인 말고는 별로 없다. 지역 내부의 인적자원만으로는 농업이나 마을공동체사업을 감당하는 데 본질적이고 구조적인 장벽이 높은 것이다.

물론 정부나 지자체는 매년 큰 돈을 들여 내부의 역량을 강화하려는 목적의 주민역량강화사업을 줄기차게 벌이고 있다. 하지만 역부족, 기대 이하이다. 글도 모르는 문맹이 적지 않은 고령의 마을주민들이 주력인 농촌마을에서, 그 정도의 투자나 방법론은 아무런 교육효과도 거둘 수 없다. 전문가, 귀농인 등이 외부에서 상시, 수시로 유입되어 원주민과 긴밀하게 결합하는 유기적 시스템부터 구축하는 게 일의 순서이고 정석이다.

그렇게 마을공동체사업의 핵심 책임주체인 마을과 지역의 인재를 마을 안에서, 지역사회의 토대 위에서 적극 발굴·육성해야 한다. 그런데 아무나 그런 일을 할 수는 없다는 게 또 문제다. 농사도 아무나 지어서 안 되듯, 농촌 일도 아무나 해서 안 된다. 농촌마을에는 농민이나 농촌주민도 물론 더 필요하지만 '마을시민'이 더욱 절실하게, 보다 많이 필요하다.

'마을시민[Commune Citizen]'이란 말그대로 마을에 사는 시민이다. "지역공동체적 사회자본, 혁신적 인적자본으로서, 마을 또는 지역사회공동체사업에서 주체적 역할을 감당하는, 농촌 및 지역 주민"을 뜻한다. 가령 마을공동체사업의 책임주체인 '마을기업'을 관리하고 경영하는 역량을 갖춘 책임 있는 사업주체 역할과 책무를 감당할만한 유능한 인력이다. 귀농인의 경우에는, 제 가족 정도는 책임질 만큼 지역에 적응한 단계에 접어든 상태의 귀농인을 포함할 수 있다. 마땅히 그럴만한 수준과 경지에 이르면 귀농한 외지인 처지라 해도 더는 주변인이 아닌 당당한 마을·지역사회공동체의 권리와 책임의 주체로 설 수 있을 것이기 때문이다.

마을시민이라야 지속가능한 '생활귀농'을 기약할 수

지금도 많은 귀농인은 '생태적, 자립형 소농'으로 제2의 인생을 누리기를 소망한다. 마치 구도를 하는 수행자처럼 자발적 가난 정도는 얼마든지 각오하고 감당할 마음가짐부터 단련한다. 하지만 마음과는 다르게 몸이 먼저 지치거나 무너지는 사례가 흔히 목격된다. 가계 생활이라는 모질고 가혹한 현실이 귀농한 터전의 안방까지 쫓아내려 오기 때문이다.

본디 처자식과 더불어 '먹고사는 문제'야말로 정신력이나 도덕률만으로는 좀처럼 해결하기 어려운 인류 문명사 최대최고의 난제가 아닌가. 더욱이 농업이란 일거리 자체가 구조적, 태생적으로 먹고살기에 좋은 사업이나 산업이 아니다. 그래서 농사로 능히 먹고사는 건 일부 소수 능력 있는 농부들의 전유물로 보일 뿐이다. 농지, 기계 등 적정한 투자자산과 강인한 노동력, 그리고 실용적인 상술을 두루 갖추어야 한다.

그렇다면 대부분 소농, 영세농으로 분류되는 평균적 귀농인들은 그들의 경쟁상태가 아니다. 아쉽지만 전업농부의 꿈과 욕심을 합리적으로 조절하고 조정할 필요가 있다. 구체적으로 정부의 겸업농업인, 일본의 반농반X의 개념과도 일맥상통하는 '마을시민'으로서 현실에 기반을 둔 귀농생활계획을 정교하게 세울 필요가 있다. 여기서 '마을시민'이란 "어설픈 낫과 호미 보다, 저마다 도시의 소시민으로 용케 버티면서 챙겨둔 생활의 농기구를 꺼내 드는" 용기 있고 지혜로운 창조적 귀농인을 말한다.

이러한 마을시민들은 "치열한 도시의 직업전선에서 갈고 닦은 경험, 기술, 노하우, 지식정보 같은 빛나는 무형자산"을 귀농생활의 도구이자 무기로 삼을 줄 안다. 귀농인들이 '마을시민'의 각오와 자세로 이 같은 생활의 무기들만 잘 챙겨 짐을 꾸리고 하방계획을 세우면 예측가능하고 지속가능한 '생활귀농'을 얼마든지 기약할 수 있다. 마을은 물론 지역공동체에서 외지인이나 주변인이 아닌 주체적이고 혁신적인 마을시민으로 자리 잡을 수 있다. 이때 자발적 가난의 각오와 이타적 헌신의 태도는 일상적으로 명심하고 지참해두는 게 좋다.

농부와 함께 마을에서 살아가는 마을시민들

무엇보다 마을시민이 살지 않는 마을은 마을답게 느껴지지 않는다. 선뜻 마을이라 부르기 어색하고 주저된다. 하물며 마을공동체는 제대로 구성되거나 작동하기 어려워보인다. 농부들만 모여서 농사만 짓고 사는 곳은 마을이라기보다 사실 농장에 가까운 것 아닌가. 농부들이 먹고살려고 농사 일에만 매달리는 힘겹고 우울한 공간이 아닌가. 우리 농촌의 현실이 그렇다는 사실을 부정하거나 부인하기는 매우 어렵다.

모름지기 마을이라면 농부는 물론 농부가 육체를 다치면 고쳐줄 의사, 농부가 마음이 아프면 달래줄 성직자, 농부가 아이를 낳으면 보살피고 가르칠 교사, 농부의 고민을 함께 풀어줄 연구원, 농부가 사는 마을을 아름답게 표현할 문화예술인이 함께 살아야 마땅하다.

또 농부의 살아가는 이야기를 세상에 대신 들려줄 작가, 농부의 삶과 운명을 고쳐줄 사회운동가, 농부의 소득을 높여주고 일자리를 만들어줄 기업가, 농부의 집을 짓고 농기계를 고쳐줄 기술자, 농부의 농산물을 제값 받고 팔아줄 상인도 한데 어우러져야 한다. 그래야 마을은 공동체도 되고 사회도 되고 우주 같은 대동세상으로 나아갈 수 있다.

그런데 이미 우리 농촌에는 이런 마을시민들이 잘 보이지 않는다. 근본적으로 마을시민들이 살아갈 만한 이유와 조건이 미비하거나 성립하기 어려운 공간으로 우리 농촌은 충분히 공동화, 형해화된 상태다. 이런 농촌을 살려보겠다는 선의를 품고 작심하고 하방을 감행하는 도시민조차 마을시민으로 살아갈 실제적인 준비와 훈련이 부족하기는 마찬가지다. 그래서 마을과 지역을 재생하려면 그 일을 책임지고 맡아 할 마을시민부터 발굴하고 양성하는 정책과 제도가 시급하다.

'마을시민'을 양성하는 '먹고사는 생활기술 작업학교'를

불행히도 우리는 지난날 산업화과정에서 농촌지역의 인적 자본이 대거 도시로 이동했다. 전통적인 농촌 마을사회의 사회조직 또는 공동체조직이 와해되고 공동체 규범은 약화되었다. 특히 '마을시민' 역할을 맡아야 할 인적 자본의 약화는 마을지역사회의 지도력 약화로 직결되었다. 농촌지역사회 내에 축적되었던 이러한 사회적 자본이 쇠퇴하면서 활력과 동력 또한 동반 상실되었다.

설상가상, 한국의 제도권 학교, 교육시스템에서 마을공동체와 지역사회가 요구하는 마을시민은 결코 훈련, 양성될 수 없다. 우리 학교에서는 '마을에서 주체적으로, 자유롭게, 사람답게 먹고 살 수 있는 기술'은 가르치지 않는다. 그저 "가만히 있어야 비로소 먹고 살 수 있는" 자본주의의 기계적 부속품, 이기적 노예들만 양산하기 때문이다. 사람의 잘못이라기보다 정치와 정책의 구조악 때문이다.

지금 당장, 농촌마을과 지역사회의 공동체를 지키고 공동체사업을 꾸려갈 만한 마을시민을 기르는 새로운 학교, 혁신적인 대안교육시스템이 필요하다. 이른바 '지역사회에서 능히 먹고사는 생활기술을 가르치는 직업전문학교'라면 좋을 것이다. 마땅히 그 학교는 출세를 위해 시험이나 자격을 대비하는 학원 같은 곳이 아니라 '인적 사회적 자본 발전소' 정도의 사회적 책무와 기능을 감당할 수 있어야 한다.

무엇보다 그 학교에서는 마을만들기, 사회적경제 등 농촌마을공동체사업을 잘할 수 있는 역량과 품성을 갖춘 다양한 '마을시민'들이 학습하고 훈련하는 곳이라야 한다. 졸업하고 마을로 내려가 자신도 먹고 살고 마을과 지역도 먹여 살릴 수 있는 인재라야 한다. 그 전문인력은 농촌마을공동체사업의 일차적 정책목적인 '사회적경제'는 물론, 궁극적 2차 사업목적인 '마을(지역사회)공동체'의 구현까지 책임지고 기획하고 조정하고 통할할 수 있어야 한다.

그런 소임을 수행할 수 있는 최적임자는 기왕의 관성이나 통념대로, 경제학자도, 행정공무원도, 복지운동가도, 벤처사업가도, 토건기술자도 아닐 것이다. 사회적경제[Community Biz]의 '사회[Community]'와, 마을(지역사회)공동체의 '사회[Commune]'를 두루 잘 학습하고 성찰한 선각자, 혁신가라야 한다. 가령, 마을과 지역사회 공동체 현장의 청장년 지역사회디자이너 또는 생활기술 전문가로서 '마을시민'이라야 한다.

2.2

경제적 마을시민

마을에서 먹고 살며, 마을도 먹여 살리는

그림 2-2 마을카페, 마을식당 등으로 자조하고 자급하려는 '마을시민운동'이 활발한 남원 산내면, 살래청춘식당

단양 한드미마을은 노무현 대통령이 재임 시절 방문한 것으로 유명하다. 소백산 자락의 오지의 작은 산골마을이다. 그런데 도시에서 십수 명의 청년들이 몰려들어 '마을 월급쟁이'로 먹고 산다. 단순한 산골마을이나 체험휴양마을 단계는 이미 넘어섰다. 이들 젊은 마을시민들은 농촌체험·휴양마을 사업을 비롯하여 농촌유학센터, 지역아동센터, 마을공동식당 등에 적재적소에 배치돼 일하고 있다.

이들은 무엇보다 마을공동체사업에서 농민 등 고령의 원주민들이 감당하기 어려운 중요한 역할과 책임을 맡고 있다. 한드미마을의 남은 숙제는 마을양로원 '호스피탈리티 움'이다. 농촌유학센터의 아이들, 영농조합법인의 청년들과 마을양로원의 노인들이 어울려 사는 생활공동체가 목적이다.

홍성 홍동면에는 '위대한 평민'들이 많이 산다. 지난 60여 년 동안 위대한 평민을 길러온 대안학교 '풀무농업고등기술학교'가 마을공동체의 중심을 잡고 있다. 2000년에 '마을발전100년계획'을 세운 문당리는 그 '마을 만들기 설계도면'대로 마을이 진화하고 있다.

오늘날 문당리, 운월리를 비롯한 홍동면에는 농업, 농식품 가공, 농촌관광, 교육, 문화, 공동체, 에너지 등을 주제로 50여 개의 마을·지역공동체사업이 벌어지고 있다. 2011년부터는 순수 민간주도형 중간지원조직인 '지역센터 마을활력소'도 가동하고 있다. 홍동면을 넘어 홍성군의 지역자원을 네트워킹하려는 홍성지역협력네트워크도 홍동면의 '위대한 평민'들이 주도하고 있다.

경북에서 귀농인들이 선호하는 상주시는 공동체와 귀농·귀촌을 통합한 '상주공동체·귀농지원센터'를 통해 민간 주도의 중간지원조직의 힘을 키우고 있다. 상주농민회, 상주환경농업협회 등 지역 자생 '마을시민운동가'들이 지역을 살리는 '상주다움' 자치와 연대의 사회적 자본 관계망을 다지고 있다.

지리산 실상사 들녘공동체를 품고 있는 남원 산내면에는 '사람과 사람, 사람과 마을, 마을과 세계를 잇는 지리산 공동체 '사회적협동조합 지리산 이음'이 역동적이다. 특히 지역의 사랑방이자 플랫폼 역할을 하는 '지리산문화공간 토닥', '살래청춘식당' 등 창조적이고 혁신적인 '마을시민운동'을 한판 벌이고 있다.

'마을시민'으로 먹고사는 100여 가지 생활방식

이처럼 충청도, 전라도, 경상도 할 것 없이 전국 각지에 도시민들의 하방 행렬이 이어지고 있다. 이들은 이전 귀농인들과는 일반적인 행색이나 목적지가 다소 다르다. 개별적인 귀농인이 아니라 마을과 지역을 생활과 활동의 공간적 범위로 염두에 두고 내려가는 이들이 적지 않다. 마을공동체는 물론 지역사회의 주체적 구성원이 되려는 자세와 포부를 준비하고 지참한다. 그저 도시민에서 농민이나 농촌주민으로 이주하는 수준에 그치는 귀농이 아니라, 도시난민에서 마을시민으로 생활의 방식과 삶의 가치관을 전환하는 사례가 속출하고 있다.

흥미로운 점은 이들이 지역사회에서 당당히 마을시민을 자처하며 생활하고 활동하는 유형과 방식도 점점 다채로워지고 있다는 점이다. 일단 자유롭고 진취적이고 창조적이고 혁신적이다. 굳이 기록과 평가의 편의를 위해서 '마을시민'의 유형을 분류하자면 경제, 생태, 교육, 문화 등으로 나눌 수도 있을 것이다. 물론 보는 관점과 주제 분야별로 얼마든지 다양하고 세부적인 사업영역과 직업군을 개발, 창출할 수 있다.

개중에는 농사를 짓는 '농부'의 역할이 농촌에서 가장 귀하게 인정받아야 함은 두말할 필요가 없다. 농부는 자의든 타의든, 국가의 식량주권, 국민의 생명을 지키는 공무원과 같은 성직을 감당한다. 다만 농사일에 서툰 귀농인이 농부를 전업 삼아 먹고사는 건 어려운 일이다. 그래서 불가피하게 농업이 아닌 반찬거리 자급자족 정도가 목표인 겸업 또는 부업 농부의 처지를 각오해야 한다. 그렇지만 농사일은 비록 텃밭 수준일지언정 손에서 놓지 말아야 한다. 농촌마을을 지키는 농촌의 주민이자 마을시민으로서의 기본자세와 품성이다.

우선 농촌에서 '먹고 살 일거리와 일자리'를 책임지는 '경제적 마을시민'이 중요한 역할이다. '마을기업'과 '마을시장'의 영역에서 주로 생활하고 활동한다. 마을기업의 사업분야는 친환경농부가 일하는 '마을농장', 농식품가공원으로 취직할 '마을공장', 직거래 유통상으로 근무하는 '마을가게', 그리고 도농교류 또는 농촌체험 지도사로 활동하는 '마을공원' 등으로 나뉜다. 요즘 6차산업이라는 이름으로 농장, 공장, 가게, 공원이 융·복합적으로 묶여서 하나로 돌아가는 경우도 많다.

마을시장의 영역은 유럽의 라이파이젠 협동조합은행 같은 농민의 은행과 지역화폐를 유통하는 대안은행을 아우르는 '마을은행'이 기반이다. 여기에 스위스 미그로MIGROS 협동조합의 모태가 된 '보따리 마을 상인'들이 모이는 '마을장터'가 결합된다. 이렇게 마을기업과 마을시장 관련 사업분야의 운영주체인 '경제적 마을시민'만으로도 얼마든지 '마을에서 먹고 살만 한 일터와 일자리'는 만들 수 있다.

교육적, 문화적, 생태적 마을시민들이 협동과 연대를

귀농인이나 원주민이 각자 맡은바 '경제적 마을시민' 역할에만 충실해도 개인으로든, 마을공동체로든 어떻게든 먹고는 살 수 있을듯하다. 하지만 하방하면서 기대하고 소망하던 '사람 사는 행복한 마을공동체'는 결코 완성되지 않을 것이다. 마을에서도 빵만으로는 먹고 살 수 없기 때문이다. 또 혼자만 잘살면 아무 재미도 없을 것이기 때문이다. 경제적 마을시민에 교육적, 문화적, 생태적 마을시민들이 힘을 보태야 한다. 서로의 부족한 곳을 채워주며 협동하고 연대하면 생활마을공동체의 토대(프레임과 플랫폼)를 다질 수 있을 것이다.

교육 분야의 일자리는 '마을학교'와 '마을학원'의 해법으로 창출할 수 있다. 마을학교는 유소년부터 청소년까지 돌보는 어린이학교, 청년에서 노인까지 보살피는 어른학교가 모두 필요하다. 마을학원은 명상, 문학 등을 배우는 마음학원, 춤, 그림, 노래 등을 가르치는 몸학원으로 교과과정을 편성할 수 있다. 다양한 역량과 경험을 보유한 '마을시민'들은 마을학교와 마을학원에서 전문교사로서 소중하고 유용한 인적 자산으로 활용될 수 있다.

문화 분야의 '마을생활원'에서는 마을펜션과 마을회관을 주요사업으로 한다. 마을카페, 마을공동식당을 비롯한 마을공동편의시설로 마을의 공동생활공간을 새로 디자인하면 된다. '마을문화관'은 마을도서관, 마을박물관 등의 마음문화관과 마을극장, 마을출판사 등 몸문화관을 바탕으로 한다. 사회복지사, 마을관리사 등 각 시설의 운영 및 관리자, 사서, 큐레이터, 공연예술인, 기자, 편집자 등은 도시에서 하던 일을 마을에서도 계속할 수 있을 것이다.

생태분야에서는 신재생에너지, 생태건축 등 엔지니어들이 적정기술 모델을 개발하고 제품화하는 '마을발전소'가 마을의 활력과 동력을 책임진다. 마을을 인문과학적, 사회과학적, 자연과학적으로 연구하고 컨설팅하는 '마을연구소' 등 '마을연구개발[R&D]센터'도 필요하다. 또 '마을체험캠프'를 통해 마을캠프, 자연캠프 등의 체험지도교사, 청소년지도사, 역사문화관광해설사의 일자리 수요와 시장을 만들 수 있다.

마을을 먹여 살려야 하는 '경제적 마을시민'의 책무

그렇다면 '경제적 마을시민'들이 마을에서 일하고 살아가는 구체적 일상은 이런 모습과 방식일 것이다. '마을농장'은 친환경 농부들의 일터다. 좋은 먹거리를 생산하는 '착한 농사'를 지으려고 농약도 화학비료도 주지 않는다. 그러니 생산량이나 농업소득이 좋을 리 없다. 이들에게 우선적으로 '농민 기본소득' 또는 '직불금'을 지급해야 하는 이유다. 이들이 생계 걱정에 짓눌리지 않고 유기농사라는 공익적 공공노동에 충실히 복무할 수 있도록 정부에서 소득을 보전해줘야 한다.

'마을공장'은 마을방앗간으로 부를 수도 있을 것이다. 신선하게 오래 보존하기 어려운 저가격, 저부가가치의 1차 생산 농산물로는 수익성은 고사하고 채산성도 맞출 수 없다. 그래서 2차 농식품으로 가공을 하는 수밖에 없다. 다만 수익성만을 좇는 장사꾼 같은 제조업자가 되려는 게 아니니 마을에서 공동으로 생산하는 유기농산물에 한해 원재료로 삼는다는 원칙을 세워둘 필요가 있다. 오스트리아 티롤에서 국가 최고의 빵을 생산하는 농부는 자기가 생산하는 밀만을 원재료로 삼는다. 그래서 시장에 내다 팔 수 있을 만큼 제품을 많이 생산하지 못한다. 그렇게 무리하게 돈을 많이 벌 생각도 하지 않는다. 안 그래도 먹고살 만한 데 왜 욕심을 부리냐며 반문한다.

더욱이 순정한 농부들은 1차 농산물이나 2차 농식품이나 시장에 내다 파는 재주가 없다. 그래서 직거래로 오프라인과 온라인 시장을 넘나들며 로컬푸드며 꾸러미를 유통할 수 있는 3차 도농 직거래 유통상이 마을에 함께 살아야 한다. 결국 홍보, 광고, 영업을 잘 하는 유능한 마케터의 도움이 절실하게 필요한 것이다. 여기에 도농교류사업자, 농촌체험 지도사 등이 운영하는 '마을공원' 프로그램도 연계해 가동할 수 있다. 이렇게 1차를 기반으로 2차와 3차가 결합되는 진정한 정통 6차 사업자로 자리매김할 수 있다.

마을의 '마을은행'은 단순히 정부의 화폐를 팔고 사는 곳이 아니다. 이름만 협동조합인 한국의 농협이 하지 못하는 기능을 대신할 수 있어야 한다. 지역화폐[Local Exchang & Trading System]도 함께 거래되는 일종의 대안금융기관의 구조를 갖추어야 한다. 무엇보다 지난 십수년간의 농촌지역개발 토건사업의 여파로 지역에 산재한 각종 유휴시설도 이를 필요로 하는 마을시민들로 하여금 전향적으로 활용할 수 있도록 해야 한다. '가칭 농촌지역 유휴시설 지역공유 사회적경제자산은행'이 필요하다. 또 상품, 현물, 인력 등이 거래되는 프리마켓과 플리마켓이, 할인마트와 5일장의 빈 곳을 채워주는 '마을장터'도 경제적 마을시민들이 나서서 꾸려야 한다.

2.3

사회적 마을시민

생활기술로 무장해야 마을에서 살아남아

그림 2-3 한 달 반 합숙을 하며 귀농생활의 기술을 공부하는 '순창 농촌생활학교'. 순창군 귀농귀촌지원센터

지역으로 하방하는 귀농인구가 급증, 폭증하고 있다. 2011년에 1만 가구, 2013년에는 3만 가구, 2014년에는 4만 가구(8만 855명)를 돌파했다. 2001년 이후 누적치는 13만 4천여 가구에 이른다. 사회가 몰락하고 공동체가 해체되면서 개인이 자꾸 파편화, 노예화되는 현대 자본주의국가의 말기적 엑소더스의 전조로 여겨진다.

무엇보다 현대 신자유주의 자본주의의 온갖 적폐와 구조악이 농축된 도시에서는 인간의 존엄과 자존감을 지키며 먹고사는 일은 힘겨운 고행이나 고역에 가깝다. 그래서 도시민들은 여생만큼은 다른 인생, 행복한 인생, 주체적인 제2의 삶을 '사람 사는 세상'에서 살고 싶다. 다만 가진 자, 힘센 자, 잘 난 자 등 일부 소수 특권층은 제외하고 말이다.

하지만 귀농은 누구나 선택을 할 수 있되, 아무한테나 활로나 대안이 될 수 없다. 국가와 도시의 구조악을 충분히 대체할만한 무오류의 절대선도 아니다. 선택의 옳고 그름, 결과의 성패가 불확실하다. 사실 농부로서의 생업도, 마을시민으로서의 생활도 원인이나 현상만 좀 다를 뿐 어렵고 고단한 본질과 속성은 도시민의 그것과 크게 다를 게 없다.

그럼에도 도시에서 벗어나 농촌과 지역으로 하방하는 귀농은 선善으로 평가받아야 마땅하다. 귀농인은 사람이 없는 농촌과 지역사회의 새로운 활력소가 될 수 있다. 신뢰, 협동, 네트워크 같은 사회적 자본[social capital]의 발전소가 될 수 있다. 이미 '혁신적 연결망을 구축하는 인적 자본'으로 대접받는 사례도 지역마다 속출하고 있다. 사람이 너무 많아 생기는 도시의 문제, 사람이 너무 없어 생기는 농촌의 문제를 동시에 해결, 국가의 구조악을 치유할 결정적 열쇠이자 고리이다.

귀농의 패러다임, 운동에서 생활로

무엇보다 용기 있는 선각자들은 지난 20년 넘게 생태적 농부나 자립적 '마을시민[Commune Citizen]'을 소망하며 귀농을 결행했다. 하지만 다소

낭만적이고 낙관적인 '귀농운동'의 가치관과 방법론을 품고 있었다. 하지만 이제 그것만으로 '마을에서 잘 생활하기'에 충분치 않다는 눈치를 채기 시작했다. '마을에서 먹고 살 수 있을지', '마을에서 살아남을 수 있을지' 앞날에 대한 불안감과 위기의식을 피할 수 없다.

그렇다면 그건, 이제 귀농의 가치관과 방법론을 보다 합리적이고 실질적으로 전환해야 할 적기가 마침내 도래했다는 시그널이 아닌가. '운동에서 생활'로 귀농의 패러다임과 주요동력을 서둘러 전환해야 한다는 충고나 경고는 아닌가. 여기서 '농민생활', '농업경제', '농촌사회', 그리고 운동 또는 사업 주체 등의 측면과 관점에서 어떻게 '귀농'의 자세와 태도가 변해야 하는지 정리해볼 필요가 있다. 이른바 '귀농패러다임 전환의 10대 의제'이다.

하나, 생태귀농에서 '생활귀농'으로 전환해야 한다. 귀농인은 흔히 순정한 유기농부로서 생태적 생업과 최소한의 인간적 기초생활을 꿈꾼다. 그런데 우리 농가의 연간 평균 농업소득은 1천만 원에 불과하다. 자기노동력, 인건비는 빼지도 않은 수치다. 영세한 귀농인들의 초기농사는 그 수준도 안 될 것이다. 기초생활 보장은커녕 농사를 지을수록 빚만 쌓이는 구조다.

'먹고 살 수 있는' 기본소득이 보장되는 '생활귀농'이라야 지속가능한 생태귀농도 가능하다. 그러자면 '마을과 지역사회에서 능히 먹고사는 생활기술'을 단련하고 체화시키는 '지역사회 생활기술 직업전문학교', 귀농인과 원주민이 공유·협업하는 '지역공유 유휴시설 사회적자산은행' 등 실용적인 기본생활 지원정책이 선행되어야 한다.

농부가 아닌 사회적 '마을시민[Commune Citizen]'을

둘, 농업귀농에서 '농촌귀농'으로 발전해야 한다. 농촌에는 농부[Farmer] 외에 다양한 일터와 일자리에 종사하고 복무하는 농사짓지 않는 이른바 '마을시민[Commune Citizen]'들이 필요하다. 농부들만 모여 농사일만 하는 곳은 농장으로 오인될 우려가 크다. 농부들과 함께 다채로운 마을시민들이 한데 어울려 살아야 비로소 '농촌마을'이라 부를 수 있을 것이다. '귀농형 일자리 구인·구직 지원센터', '귀농형 마을기업 창업 지원센터', '귀농인·농민 공동생산 기반 시설', '귀농인·농민 공동경영 마을기업' 등을 지역 곳곳에 세워야 한다.

셋, 생계귀농에서 '복지귀농'으로 심화하여야 한다. 귀농인의 기초생활·생계는 개인의 능력이나 노력만으로 보장되지 않는다. 무엇보다 '돈 버는 농업'이라는 농업경제학 일방의 관점에서 어서 벗어나야 한다. 대신 '사람 사는 농촌'이라는 농촌사회학, 사회복지학으로 농정의 근본기조부터 바꾸어야 한다. 농민 또는 농촌주민 기본소득제, 유럽식 농가소득 보전 직불제, 마을공유농지·마을양로원·마을공동식당·마을공공임대주택·마을에너지발전소 등 마을단위 사회안전망, 마을농지 공유화를 위한 농지신탁제, 마을공유지 등이 실현되어야 한다.

넷, 마을귀농에서 '지역귀농'으로 확장되어야 한다. 귀농인이 작은 마을 안에만 갇혀서는 적정한 규모의 경제사업도, 유기적인 지역사회활동도 영위할 수 없다. 자칫 지역공동체에서 고립되거나 소외되거나 표류하거나 낙오할 위험이 있다. 마을 안에서 마을 밖의 지역으로 경제사업 규모와 사회활동 범위를 확대·확장해야 한다. '지역단위 공동체사업 협동경영체', '유기농 로컬푸드 지역농민시장', '지역화폐 발행 지역농민은행' 등을 조직하는데 도시의 경험과 역량을 보유한 귀농인이 앞장서야 한다.

다섯, 경제귀농에서 '문화귀농'으로 승화되어야 한다. 진정한 귀농인이라면, 정상적인 귀농인이라면 돈을 벌기 위해, 출세하기 위해 귀농하는 게 아닐 것이다. '억대농부'가 되려는 경제적, 세속적 욕심이 아니라 상실했던 '사람 사는 삶'의 문화적 그리움이 핵심 동인일 것이다. 그러자면 농촌을 상업적 관광지나 놀이터처럼 훼손하는 농촌관광사업부터 경계해야 한다. 관광농업이 아닌, 휴양과 치유를 목적으로 하는 문화농업으로 정상화되어야 한다. 독일에는 상업적인 농촌관광이라는 개념 자체가 없다. 독일 농부는 국민의 별장지기, 국토의 정원사로 불린다. 지역 역사·문화·경관부터 보전하고 전통 생활문화예술의 공동체 문화부터 계승해야 한다.

'농업경제'와 '농촌사회'는 협동과 연대로, '운동주체'는 사업주체로

여섯, 단독귀농에서 '공동귀농'으로 협동해야 한다. 개별적 귀농보다는 뜻과 목적을 공감·공유하는 공동·집단귀농이 합리적이고 효과적이다. 마을공동체사업, 지역공동체활동을 벌일 때 서로 협동해서 체계적인 사업조직을 꾸릴 수 있기 때문이다. '은퇴노동자 공동귀농 협동조합', '귀농인·소농 중심 6차 농업 생산자협동조합', '에너지자립 생태·생활공동체 마을', '귀농인·소농 중심 6차 생산자협동조합[Gemeinschaft]' 등이 실천모델로 유망하다.

일곱, 독립귀농에서 '연대귀농'으로 진보해야 한다. 귀농인이 혼자 '좋은 농사'를 짓기는 어렵다. '자연인처럼' 내 멋대로 살면 자유롭기는 할 것이나 자칫 지역사회에서 잊히거나 사라질 위험이 있다. '사회적 인간'이려면 마을주민, 지역사회는 물론, 도시민, 소비자들과 지속적·유기적으로 교류하고 거래해야 한다. '농업회의소 중심 자생적 지역학습조직', '농민·노동자, 농민·도시민 상생기금', '도시민(도시농업인) 직거래 네트워크' 등을 이웃과 더불어 공조, 협업할 수 있다.

여덟, 개인귀농에서 '사회귀농'으로 진화해야 한다. 농촌에서도 개인주의자나 이기주의자는 불편한 존재로 환영받지 못한다. 공동체의 갈등과 분쟁의 원인으로 낙인찍힌다. 마을공동체의 이웃, 지역사회의 타인을 이타적으로 배려하는 공익적·공공적 시민의식과 선도적 실천역량부터 갖추어야 한다. '마을교육공동체, 사회적협동조합 등 지역공동체 운동', '로컬푸드 유통, 토종종자 보전 등 풀뿌리 순환자치경제네트워크 구축', 평화통일농업, 생태농부학교 등 우주적 각성과 수행운동 등에 동참해야 한다.

아홉, 관치귀농에서 '자치귀농'으로 자립해야 한다. 오늘날 정부의 귀농지원정책은 진정성이나 실효성이 기대와 필요에 미치지 못한다. '관'의 입장에서는 농정예산의 한계를 변명할 것이나, 근본적으로 농정철학의 부재, 농정정상화의 의지 결여가 고질적 원인이라는 판단이다. 결국 귀농인끼리 자조와 자립을 통한 자치와 자생이 최선의 자구책일 수 있다, '귀농인 생활자치 생태공동체마을' 모델, '귀농형 마을기업(사회적경제)' 모델, 그리고 '귀농농가 적정 가계경영' 모델을 스스로, 함께 개발해 공유하고 전파해야 한다.

열, 운동귀농에서 '사업귀농'으로 전향해야 한다. 기존의 민간 귀농운동 지원조직은 농업, 마을공동체, 사회적경제 등 귀농사업과 농가경영, 교육·문화, 생활복지 등 귀농생활을 지원하는 전문조직수준의 위상과 기능으로 거듭나야 한다. 귀농운동본부의 자생·자립 사업구조 구축, 농업, 농촌형 사회적경제 등 '귀농사업지원센터' 운영, 가계경영, 자녀교육 등 '귀농생활지원센터' 운영 등을 통해 귀농운동에서 '귀농생활'로 귀농의 가치관과 방법론을 대전환하는 공공의 역할, 사회적 책무를 떠맡아야 한다.

'사회적으로 농촌에서 사는 것'이 귀농의 본질

이병철 전 귀농운동본부 대표는『나는 늙은 농부에 미치지 못하네』에서 이렇게 귀농의 의미를 풀이했다. "귀농이란 단순한 직업의 전환이 아니라 삶의 전환이라는 것이지요. 뿌리뽑힌 삶에서 뿌리내리는 삶으로, 자연을 거스르는 삶에서 자연과 조화로운 상생 순환의 삶으로, 소모적이고 파괴적인 삶에서 생산적이고 살리는 삶으로, 의존적인 삶에서 자립적인 삶으로 돌아가자는 것입니다."

또 "그런 점에서 귀농은 귀본歸本이요, 귀일歸一입니다. 농촌, 땅, 자연 그것은 생명붙이들이 마땅히 머물러야 할 근본자리, 곧 생명의 자리이기 때문"이라고 귀농의 본질을 강조했다. 이제 귀농운동은 단순히 농촌으로 내려가는 것만을 뜻하지 않는다. 그저 농사를 짓는 좁은 의미로 풀이하는 것도 부적절하다. 정직한 농農적 문화에 기반한 자연친화적 생태적 삶, 근본으로 귀의하는 것을 의미하고 실천한 행위라야 한다. 새로운 귀농운동과 정책이 필요한 이유다.

그동안 귀농은 자연친화적인 농업을 중심으로 자립적인 삶을 살면서 튼튼하게 뿌리내리는 개인적인 삶의 결단과 의지가 강조된 게 사실이다. 그러나 그것만으로는 조금 모자라다. '개인적 단독귀농에서 마을귀농, 지역귀농으로' 더 나아갈 필요가 있다. 개인적인 귀농이 그저 '농사짓는 일'에 국한된다면 마을귀농, 지역귀농은 '농촌에서 사는 것'을 의미한다. 순정한 농부로 생태적인 농사 짓는 일은 물론, 지역의 사람들과 어우러지며 마을살이, 지역살이를 하는 모든 행위와 활동이 포함된다.

이렇게 귀농인들이 마을귀농, 지역귀농을 결행하려면 '농촌에서 먹고사는 문제'가 해결되어야 한다. '농촌에서 먹고 살려면' 농민의 기본소득이 보장되어야 한다. 농민 기본소득제가 시행되어야 한다. 이는 국민의 생명을 지키고 농업의 공익적 가치를 수호하며, 농민이 농촌을 떠나지 않고 생활할 수 있도록 국가에서 소득을 보전해주는 제도를 말한다. 소농, 영세농이 아무리 농사를 열심히 지어도 농업소득만으로 먹고 살 수 없기 때문이다.

먹고사는 생활기술, 농민 기본소득으로 '사회적 마을시민'을

기본소득제 못지않게 '먹고사는 지역생활기술'도 절실하다. 단기적으로는 물고기 배급도 요긴하지만 중장기적으로, 근본적으로 '농촌에서 먹고사는 문제'를 해결하려면 물고기를 잡는 방법을 가르쳐야 한다. 그런데 대다수 귀농인은 '지역에서 먹고사는 생활기술'을 배운 적이 없다. 그동안 배운 것은 학교에서 '시험을 잘 보는 기술과 친구를 이기고 나만 살아남는 기술'만 집중해서 배웠을 뿐이다. 아니면 '취직을 잘하는 기술이나 자본의 노예로 사는 기술'만 열심히 익혔을 뿐이다.

귀농을 지원하는 정책과 제도 이전에 사회적 자본과 사회안전망이 먼저 구축되어야 한다. 농촌공동체의 복지체계부터 갖춰야 한다. 농업경제학자들의 정책은 일부 대농이나 부농을 위한 정책들이다. 대다수 소농, 가족농을 위해서는 농촌사회학자, 사회복지학자들에 의해서 생산된 정책이라야 유효할 것이다.

무엇보다 농촌복지는 마을공동체에 뿌리와 기반을 두고 있어야 한다. 정부와 행정에서 기계적으로 시혜하는 지원제도만 쳐다보지 말고 마을공동체의 구성원, 이웃들이 서로 보살피고 챙길 수 있어야 한다. 가령 영광 여민동락공동체의 귀농인들처럼 농촌 마을공동체사업[Community Business]를 통해 일자리와 소득을 늘리는 생산적 농촌복지의 수행주체가 될 수 있다.

그래야 마을학교와 마을학원을 세우고 꾸리는 '교육적 마을시민', 마을생활원과 마을문화관을 관리하고 경영하는 '문화적 마을시민', 마을발전소와 마을연구소에서 연구하고 개발하는 '생태적 마을시민' 등 이른바 '사회적 마을시민'들이 안심하고 마을공동체와 지역사회공동체로 내려와 예측가능하고 지속가능하게 귀농생활을 누릴 수 있다. 마을에서 살아남을 수 있다.

2.4

마을주의자론(Commune-ist론)

‘사회경제적 생활공동체’를 마을에서

그림 2-4 불의한 정부에 대해 시민 불복종과
마을자치(스와라지)를 주장한 마을주의자 마하트마 간디

요즘, 현대는 늘 세기말이거나 말세의 모습
자비가 전혀 없는 정부의 방침과
당최 말이 통하지 않는 공권력의 방법만 유상분배될 뿐
헌법의 요지는, 정부 말고 그 누구도 함부로 믿지 말라는 것
부디 까불거나 대들지 말라는 것
억울하고 외롭게 죽고 싶지 않다면
평소, 국가와 정부를 무서워하던 삐딱한 사람들은

목숨만 겨우 챙겨 먼지처럼 천지사방으로 흩어졌다
이승이 아닌듯한 머나먼 외계의 마을로 연기처럼 스며들었다
하다못해 벌레처럼 기어가거나 풀씨처럼 묻어간 경우도 있었다
거기 마을에서, 단 하나뿐인, 단 한 번뿐인 한평생을
풀이나 나무나 흙이나 질소처럼 살았다

삶의 겉모습은 마치 죽음의 완성과 구분하기 어려울 정도였다
숨을 다 죽이고 살았다, 그래서 아무 일도 없었다, 평화로웠다는 말이다
일상의 소일거리는 주로 하늘에 떠 계신 하느님, 아니면 하나님이나
땅 속을 깊게 파고 누운 조상님을 믿는 짓
선생이나 선배, 그리고 군인과 공무원은 가급적 믿지 않았다
사실은 땅 위의 서로가, 땅 위의 스스로를 믿었을 뿐

세월은 냇물처럼 흐르고 시간은 쏜 화살 처럼 날아갔다
그러나, 세월과 시간이 역사만큼 쌓이자 마을에 사고가 발생했다
완력과 욕심이 센 운동선수가 인상을 쓰고 주먹을 휘두르며
어서 마을을 국가와 정부로 재생하자고 선동하고 겁박했다
싸우고 싶지 않은 마을사람들은 그저 머리를 조아렸다
다시는 국민으로 살고 싶지는 않았으나
그렇다고 나만 죽고 싶지도 않았기 때문이다

그래도 그렇지, 국가란 무엇인지 도무지 용서되지 않는다
완장의 신을 섬기는 정치인을 섬기는 유권자들은 상식이 있는지
돈의 신을 모시는 경제인을 모시는 봉급쟁이들은 염치가 있는지

학위의 신을 따르는 교수단을 따르는 학생들은 지성이 있는지
말의 신을 믿는 성직자를 믿는 신도들은 대체 제정신인지
그런 것들을 내내 구세주로 알고 사는 국민은 이성이 있는지
이따위 천민자본주의 간빙기의 애국적 사피엔스들은 과연 사랑이나 하고 사는지

아니, 도대체 왜 마을에서 그냥 마을사람으로 살면 안 되는지
왜 국가에서 국민으로 살아가려 그토록 기를 쓰는지
국가의 진실은 정말 무엇이고, 마을은 무엇에 쓰는 물건인지
나는 그것이 알고 싶어 거의 미치거나 실신할 지경이다

'마을주의자'는 어느 쪽인가, 누구 편인가

졸시 '국가나 마을이란 무엇인가' 전문이다. 마흔에 마을로 하방한 이후, 국민 이전에 마을공동체의 구성원으로 살고 싶은 심정을 끼적거린 것이다. 정확하게는 이기적인 개인주의자에서 이타적인 공동체주의자로 진보하려는 갈망을 담은 것이다. 마을에서는 때로 무정부주의자나 사회주의자처럼 생각하고 말하며 지내는 시간이 많다.

돌이켜보면 일찍이 정치적, 사회적 각성이 시작된 청소년기부터 국가나 정부, 그리고 학교 같은 공권력과 제도권과는 친하지 않았다. 특히 국가나 정부를 위해 일한다는 정치인이나 공무원들이 하는 말은 곧이곧대로 믿지 않는 편이다. 국가와 정부의 특별한 지원이나 보호도 굳이 기대하지 않는다. "너는 대체 어느 쪽이며 누구 편인가" 묻는 폭력적인 말들에

대해서도 일체의 관심이나 반응을 보이지 않는다. 대답을 강요한다면 좀머씨처럼 "제발 나를 좀 가만 내버려두라"고 대답할 뿐이다.

그렇다고 직업적인 무정부주의자나 반체제 운동가는 아니다. 굳이 성향을 분류하자면 청년기에는 회색분자이거나 자유주의자이거나 아웃사이더 쪽에 가까웠다. 조직적으로 앞장서 나서거나 떼로 몰려다니는 걸 본능적으로 싫어하니 앞으로도 그럴 생각이나 계획도 없다. 그러니 국가와 다투기보다 아예 국가라는 것 자체에 관심이 없는 것이다. 다만, 그처럼 지난하고 고단했던 40여 년의 특별시 난민 생활을 접고 농촌마을로 하방하면서 '주의자'가 되기로 비로소 결심했다. 자유주의자도, 공동체주의자도, 무정부주의자도, 사회주의자도 아닌 그저 '마을주의자'가 되기로.

여기서 '마을주의자'란 귀농인 또는 마을주민이 '마을시민'의 단계를 넘어 2차로 진화한 상태를 의미한다. 1차로 진화한 '마을시민'이란, '왜, 귀농했는지' 이제는 스스로 자각하고 자족할 수 있는 단계를 의미한다. 아울러 '뭘 해서 먹고 살지' 농사를 짓든, 농사를 짓지 않든 마을의 주민으로 먹고 살 자신감과 사회적 책무를 깨달은 상태이다.

'마을주의자'는 "왜 도시를 벗어나 귀농을 해야 하는지" 남에게 자신의 생각과 경험을 충분히 설명, 설득할 수 있는 경지에 오른 것이다. 무엇보다 나와 내 가족만 챙기지 않고, 남과 더불어 협동하고 연대할 수 있는 이타적인 몸과 공익적인 마음가짐, 그리고 사회경제적인 마을공동체사업의 계획이 준비된 성숙한 귀농인 또는 마을주민을 말한다.

결국 '마을주의자[Commune-ist]'란 국가와 정부, 자본주의와 정치경제학의 구조악에 휘둘리지 않는 단단한 사람이다. 마을 속으로 뛰어 들어가, 마을사람들과 더불어 부대끼며 생활하며 마을을 먹여 살리는 마을기업을 앞장 서 세우고 꾸린다. 사람 사는 대안마을을 일구면서 더불어 사는 게 꿈이다. 머리는 도덕적이고 진보적이며 마음은 정의롭고 양심적이다. 말과 글은 용기 있고 지혜로우며 슬기로우면서 행동은 이타적이고 공동체적이다. 곧 세상을 좀 더 사람이 살만한 곳으로 바꾸려는 사회혁신적인 인간이다. 이런 인간형을 기존의 무정부주의나 사회주의로 충분히 표현할 길이 없으니 '마을주의'라는 새로운 말이 필요했다.

공동체주의[communitarianism]의 정의[Justice]를 믿는 마을주의자

'마을주의자'들의 정체성은 어느 정도 '공동체주의자'라 할 수 있다. 마을[Commune]이라는 공동체의 가치를 따르는 공동체주의[communitarianism]를 믿고 받아들인다. 따라서 '공유된 가치'와 '공동선'을 무시하거나 훼손하는 일체의 '자유주의적 개인주의'는 반대한다. 자유주의자들은 자신이 처한 현재 상태와 보유한 가치가 그를 둘러싼 사회에 의해서 형성된다는 사실조차 미처 자각하지 못한다. 자유주의자들이란 오로지 자기 혼자 잘 나서 잘 사는 것으로 착각하고 사는 존재라고 공동체주의자들은 비판한다.

공동체주의는 마땅히 이기주의를 경계하고 배격하는 정치사상이다. 20세기 후반, 미덕, 덕성[virtue] 등의 가치를 중시하는 인간중심적 이론으로 제기됐다. 결코 이기주의가 미덕일 수 없다. 그렇다고 개인의 자유를 전혀 무시하지 않는다. 개인의 자유를 중시하는 전통적인 자유주의, 개인의 책임을 강조하는 보수주의의 입장을 절충한 중도주의에 가깝다. 따라서 공동체주의자들은 근대 개인주의의 보편화에 따른 윤리적 토대 상실을 고발한다. 고도 산업사회화에 따른 도덕적 공동체 와해도 경고한다. 나아가 이기적 개인주의 팽배에 의한 원자화, 사회적 인간의 몰락을 개탄한다.

공동체주의는 이 같은 사회병리적 현상에 대한 불만이 이론적으로 표출된 것이다. 정치철학서 『정의란 무엇인가』(JUSTICE: What's the right thing to do?)를 지은 하버드대학교 교수 마이클 샌델이 이런 공동체주의를 대표하는 학자이다. 이 책에서는 정의를 판단하는 세 가지 기준으로 행복, 자유, 미덕을 들고 있다. 정의가 사회 구성원의 행복, 사회 구성원의 자유로움, 사회에 끼치는 영향 등을 고찰함으로써 공동체주의를 정의와 연결한다. 공동체란 정의로워야 한다는 것이다.

하버드대학교의 정치학과 교수 퍼트넘은 1995년 「홀로 볼링 하기: 쇠퇴하는 미국의 사회자본」 논문을 통해 공동체의 몰락을 경고했다. 프랑스 정치학자 토크빌이 미국 민주주의의 원동력이라고 평가한 시민사회의 역동성이 붕괴했다는 것이다. 함께하는 볼링 리그, 일요일 피크닉 횟수, 학부모회 참석 비율, 투표율, 교사·학부모회의, 여성유권자연합의 조직구성원 수가 감소한 것 등의 현상을 공동체 몰락과 사회적 자본 감소의 물증으로 들었다.

이 같은 퍼트넘의 "미국인들은 외롭게 볼링을 친다"는 걱정스럽고 우울한 주장은 1996년 클린턴 대통령의 연두교서에도 영향을 미칠 정도였다.

특히 힐러리 클린턴은 『마을이 있어야 한다』(It Takes a Village)는 책을 써서 안정된 작은 마을에서 나타나는 인간관계를 예찬하기도 했다. '정의와 사회적 자본'의 힘을 신뢰하는 공동체주의자는, 마을주의자와 사고하는 영역과 활동하는 동선이 크게 다르지 않은 것으로 간주한다.

무정부주의[Anarchism]을 계승하는 마을주의자

'개인을 지배하는 모든 정치 조직이나 권력, 사회적 권위를 부정하고 개인의 자유와 평등, 정의, 형제애를 실현하고자 하는 사상을 가진 사람'. 무정부주의자의 사전적 정의다. '아나키스트Anarchist'들은 "국가나 정부 기구는 본래가 해롭고 사악한 것이며 인간은 국가나 정부가 없이도 올바르고 조화로운 삶을 영위할 수 있다"는 신념을 바탕으로 한다. 무정부주의는 정치적, 사회적으로 세력이 미치는 규모와 범위, 정도의 차이는 있을지언정 '마을주의'가 지향하는 세계관, 미래전망과 크게 어긋나지 않는다고 생각한다.

무정부주의의 어원은 정부나 통치의 부재를 뜻하는 고대 그리스어 'an archos'에서 연유한다. 무정부주의자들은 사회의 범죄는 사유재산과 권력의 산물로 규정한다. 무정부주의자들은 역설한다, "만약 인간이 법과 사회체계의 멍에로부터 벗어나 상호부조의 원리를 실천하게 된다면, 사회성과 진정한 의미의 정의에 도달할 수 있다"고. '마을주의자'들도 그렇게 생각해서 국가와 정부가 일방적으로 설계하고 지배하는 도시를 벗어나 마을로 내려온 것이다.

일단 무정부주의는 획일적이지 않다. 이상사회에 있어서 집단의 권위를 어느 정도 인정할 것인가, 사적 소유를 긍정할 것인가, 이상사회 실현을 위한 수단으로 폭력을 용인할 것인가 등 3가지 관점의 차이로 종류가 나뉜다. 프루동, 톨스토이 등의 개인주의적 무정부주의, 바쿠닌 등의 집산주의적 무정부주의, 크로포트킨의 공산주의적 무정부주의 등으로 대별된다. 여기에 공상적 무정부주의와 과학적 무정부주의, 이론에 치중하는 철학적 무정부주의와 정치·사회적 실천방법까지 구상하는 혁명적 무정부주의로 더 갈래를 치기도 한다. 노동조합의 직접행동으로 공산주의 사회를 건설하려는 19세기 말의 혁명적 생디칼리즘Syndicalisme도 무정부주의의 일종이다.

특히 19세기에 최초로 '아나키스트'를 자처한 프루동Pierre-Joseph Proudhon의 이론과 주장은 마을주의에서 그리 멀지 않다. 그는 생산에 필요한 토지와 도구를 지배하는 '소유권'을 자유를 위해 불가피하다고 인정했다. 그가 그리는 이상사회(마을)에서는 자영농민과 독립적인 장인들로 구성되고 노동자연합체가 공장과 공공시설을 운영한다. '마을기업'을 연상시킨다. 이 사회는 인민은행의 상호신용체계에 의해 조화를 이루는 경제공동체이다. 마을시민과 마을기업을 지원하는 '지역공유 사회적자산은행'의 취지에 부합한다. 중앙집권적인 국가를 대신해 계약과 이해관계를 맺는 자치적 지역사회이자 산업연합체들의 연방이다. 바로 '대안마을'의 모습이다. 특히 바쿠닌의 혁명적 폭력론을 거부하며 개인주의와 비폭력주의를 옹호했다. 사사로운 폭력으로는 혁명은커녕 최소한의 발전도 불가능하다는 게 내 소신이다.

20세기에 톨스토이는 평화적 급진주의와 이성적 그리스도교의 이름으로 국가와 모든 형태의 정부를 부정하고 도덕적 재생을 위한 생활의 단순화를 주장하고 실천했다. 재산의 사유 대신 자유주의적 공산주의를 옹호했다. 마하트마 간디는 비폭력 시민불복종 운동을 톨스토이와 『월든』(Walden)의 저자 소로우Thoreau에게서 이어받았다. 물자와 용역의 무상분배가 이루어지는 '무정부적 공산주의' 이론을 정립한 크로포트킨Peter Kropotkin의 영향으로 자치적 촌락인 코뮌Commune을 기본단위로 하는 스와라지Swaraji 지방분권자치를 제안했다.

공산주의[Communism]의 원형을 복원하려는 마을주의자

공산주의[Communism]의 어원은 '타인과의 나눔과 사귐'을 뜻하는 라틴어 '콤무네commune'에서 비롯되었다. 한마디로 공동체의 재산이 구성원들 모두가 공유하는 사회제도를 지칭한다. 이는 곧 재산의 사유에 따른 도덕성의 흠결을 방지하려는 공유재산제를 바탕으로 한다. 원형은 국가설계 이데올로기라기보다 합리적이고 정의로운 사회공동체를 일구려는 소박한 이상에 불과하다. 가령 19세기 초반 '사회주의' 개념이 등장할 때까지 공산주의는 고대로부터 전승된 재산공유제 원칙을 가리켰다.

공산주의 사상의 기원을 보면 플라톤의 『국가』(The Republic), 고대 유대인들의 초대교회의 교리, 토머스 모어의 『유토피아』(Utopia) 등으로 거슬러 올라간다. 20세기에 들어서는 수정주의적 마르크스주의, 또는 페이비언 사회주의에 대하여, 특히 '혁명적' 마르크스주의 또는 마르크스-레닌주의를 공산주의라고 불렀다. 마르크스주의에 따르면 공산주의는 인류

역사 최후의 단계로서 민중들의 계급이 소멸하고 생산력이 극도로 확대된 이상사회에서 의욕에 따라 일하고 필요한 만큼 소비하는 사회다.

그런데 현대의 공산주의는 사회주의의 급진적 형태로서 '프롤레타리아 혁명이론'을 가리키는 정치적 수사가 되었다. 1848년『공산당 선언』(Manifest der Kommunistischen Partei)를 공동 저술한 카를 마르크스와 프리드리히 엥겔스에 의하여 체계화되었다. 인류역사를 원시 공산주의 사회, 고대 노예제 사회, 중세 봉건사회, 근대 자본주의 사회로 설명하고 프롤레타리아 혁명과 공산주의 사회의 도래를 예언한 것이다.

이같은 마르크스주의는 19세기 중반 서유럽에 만연된 인간소외 현상을 극복, 인간의 해방을 성취하려는 의도에서 출발했다. 하지만 현실에서는 러시아 혁명 이후 레닌, 스탈린 등에 계승되어 혁명적 성향이 짙은 사상으로 굳어졌다. 하지만 마르크스주의조차 처음부터 유물론, 무신론에 사상의 뿌리를 둔 것은 아니었다. 인류사를 관류하는 공산주의적 공동체는 성서의 영감을 받은 다분히 종교적인 것이었다. 다만 시민혁명과 산업혁명의 여파로 정치적·사회적인 변혁기의 산물로 현대 공산주의가 등장했기 때문에 그렇게 변형, 변용된 것이다.

어쨌든, 오늘날 마르크스나 레닌이 구상하고 설파했던 공산주의가 실현된 적은 사실상 없다는 평가가 지배적이다. 물론 공산주의 정부의 붕괴가 곧 공산주의나, 마르크스주의의 실패를 의미하는 것은 아닐 수도 있다. 하지만 이데올로기로서의 공산주의는 집권층에 의하여 민족주의, 인종주의, 제국주의적인 것으로 변질된 것은 어느 정도 사실이다. 따라서 정치적 이데올로기가 아닌 공동체의 생활철학으로서 공산주의의 원형과 이상은 작은 마을에서부터라도 다시 복원할 가치가 있는 것이다. '타인과의 나눔과 사귐'을 뜻하는 라틴어 '콤무네commune'에서 비롯된 정의로운 생활공동체의 소박한 이상을 '마을주의자'들은 다시, 새로 품을 필요가 있는 것이다.

사회주의[socialism]의 전망을 재생하려는 마을주의자

그러나 여전히 공산주의와 사회주의의 개념과 사용법, 그리고 전망은 혼란스럽다. 당초 근대 사회주의는 산업혁명 이후 자본주의 생산양식이 야기한 부정·불평등·피해, 자유방임적 시장경제 체제에 대한 비판에서 비롯되었다. 일반적으로 사회주의는 주요 생산수단의 공동 소유를 토대로 경제생활을 국가의 계획적 통제 아래 두려는 이념 내지 사회체제로 정의한다. 사회주의자들은 공헌도에 따라 자신의 몫을 받는 것이 사실상의 사회유지라고 간주한다. 사회는 먼저 모든 시민에게 최소한의 의·식·주 등 기초생활권과 생존권을 보장해야 하고 교육·건강·교통·오락 등의 기본 서비스를 제공해야 한다는 것이다. 이로서 모든 시민의 정치적 권리와 신분차이도 평등화해야 한다고 주장한다.

그렇다면 '마을주의자'들은 사회주의와 공산주의를 '따로 또 같이' 재해석하고 적절히 수용할 필요가 있다. 애초 사회주의는 노동운동과 긴밀하게 연관되지 않은 것이었다. 일반적으로 기존 체제를 사회적 통제를 통해 새롭게 변화시키려는 사회 재조직의 이론이었을 뿐이다. 사회주의자들은 자본주의의 사회적 원리였던 자유경쟁과 개인주의에 대항해 대안적 전망과 실천적 방안을 제시했다. 이에 비해 공산주의는 사회주의보다 투쟁적인 노동운동의 세계와 실천적으로 연결되는 것이었다. 사적 소유제의 철폐, 소유권의 공유를 주장하는 사회적 교리를 운동으로 표출하는 방식이었다. 즉, 공산주의가 실천적·강령적 성격이라면 사회주의는 분석적으로 새로운 인간관과 사회이론을 통해 미래 사회의 전망과 대안을 제시하는 것이다.

그런 측면에서 사회주의는 부정과 저항의 표명을 넘어 적극적인 현실적 대안으로, 공산주의는 실현 가능한 사회주의를 거치고 먼 미래의 궁극에 도달할 수 있는 종착지로 정리될 수 있다. 이쯤에서 1970년대 말부터 등장한 '현실사회주의(real socialism, actually existing socialism)'라는 개념에 주목할 필요가 있다. 기존의 실패한 사회주의 국가 체제와는 다른 의미의 사회주의 개념들이 과거에 있었고 앞으로 있을 수 있다는 인식을 나타내기 때문이다. 20세기의 사회주의는 마르크스주의를 이론적 토대로 삼은 소련 공산주의 등 구좌파[Old Left]를 지칭하는 특정한 국가사회주의적 형태에 국한된 것이라는 것이다.

따라서 일반적인 사회주의는 여전히 자본주의에 대항하는 미래의 대안적 이념으로 채택할 수 있을 것이다. 19세기 웨일스의 직물업자로서 공장개혁가이자 공상적 사회주의자인 로버트 오언Robert Owen의 사례는 그런 확신을 주기에 충분하다. 오언은 산업에 대한 공동협동 통제와 '통일과 협동 마을'의 창설을 주장했다. 이 마을에서 주민은 수확고를 증가시키고 더불어 그들의 육체와 정신을 향상시킬 수 있다.

이같은 오언식 공동체는 인디애나 뉴하모니를 비롯한 미국의 여러 곳에 설립되었다. 하지만 모두 실패했다. 그의 협동조합과 노동조합운동도 실패했다. 그러나 경쟁체제에 대한 비난, 협동과 교육에 대한 강조, "불건전한 환경이 일으킨 어리석은 결과를 없애면 인간은 자신의 지위를 향상시킬 수 있다"는 사회주의 운동의 교훈과 메시지는 여전히 살아있다. 가령 농촌지역에서 마을주의자들이 함께 벌이고 꾸리는 작고 낮고 느린 '공산·공유 사회경제적 생활공동체마을'의 모습으로.

3

마을기업의 모델

3.1

마을기업론

'마을을 먹여 살리는' 국가자본주의의 대안

그림 3-1 농업회사법인 임실치즈 레인보우

마을만들기 또는 마을공동체사업은 마을기업부터 다시 시작해야 한다.

지난 십수 년 동안 전국 수천 곳의 농촌마을에, 매년 1조 원이 넘는 막대한 농촌지역개발사업비가 투입되었다. 그러나 불행히도 성과는 좋지 않았다. 문제는 '마을기업'의 부재에서 거의 기인한다. 전문가의 경험과 판단력으로 단언할 수 있다. 다시 말하면, 애초 마을공동체사업의 의사결정구조와 책임소재 차제가 불명확한 상태에서 사업에 뛰어드는 게 문제다.

사업의 결정권과 예산권을 틀어쥔 행정의 지침대로, 전문가의 역할과 책임을 떠맡은 용역업자의 훈수대로, 위원장 등 일부 소수가 사업의 책임과 권한을 도맡는 형식이다. 위원장이 주도하는 사업추진(운영)위원회는 사업을 책임지고 싶어도 책임질 수 없는 처지다. 실무 실행조직이 아니라 사실상 형식적인 의사결정구조에 불과하기 때문이다.

따라서 사업을 벌이기 전에 법적, 도의적 책임소재부터 명확히 설정하고 시작해야 한다. 그래서 유명무실한 위원회가 아니라 '마을기업'이 사업의 실행조직, 책임주체가 되어야 한다. 마을기업이 아직 준비되지 않은 마을, 준비할 생각이나 의지가 부족한 마을에는 사업을 주면 안 된다. 자의든 타의든 책임을 질 준비도, 책임을 질 의사도 없는 것으로 간주해야 한다. 그런 합리적인 원칙을 세워두면, 이제는 아무 마을이나 마을공동체사업에 함부로 뛰어드는 만용과 욕심을 결코 부리지 못할 것이다.

'마을시민'들이 모여 '마을기업'을 만들고 마을공동체사업에 뛰어든다면 당장 책임주체를 명확히 할 수가 있다. 이장, 개발위원장, 부녀회장, 노인회장, 새마을지도자 등을 비롯한 마을주민, 그리고 마을시민들은 마을기업에 출자와 참여를 결심하는 순간, "마을공동체사업을 책임지겠다"는 사명감과 책임감이 작동하기 시작할 것이다. 사업 성공의 가능성을 더 높일 수 있을 것이다.

자발적 하방을 촉발, 인도하는 마을기업

'마을기업'이 사업의 중심으로 자리 잡으면 마을공동체사업과 사회적 경제사업이 서로 연계하고 융합되는 효과도 발생한다. 일단 농촌지역에서 사회적 경제는 마을·지역공동체 재생과 활성화를 위한 효과적인 수단이나 방법론으로 기능하는 게 적절하다. 그래야 마을공동체사업의 명분도 강화되고 실질적인 시너지효과까지 거둘 수 있다. 최소한 일자리 창출이나 소득 제고를 당면 목표로 하는 관제 사업의 근시안적 오류에 빠지지 않을 수 있다.

가령 마을·지역사회 공동체사업의 사전 준비와 입문단계에서 마을기업 등의 사회적경제조직은 마을공동체사업의 학습과 훈련을 위한 학교로써, 실습장으로서 역할을 맡을 수 있다. 이후 마을공동체사업이 본격 추진되는 과정에서는 사업의 관리·경영 책임 주체로서 핵심적 기능과 책무를 감당할 수 있다.

그래서 2007년 신문 기고를 통해 "마을기업을 세우자"고 처음 주창했다. 이후 시작된 행정안전부 '마을기업 육성사업'의 그 마을기업은, "마을기업을 세우자"의 그 마을기업과는 다른 것이다. 한마디로 전자는 '좁은 마을기업'이고 후자는 '넓은 마을기업'이다. 당시 "마을기업을 세우자"고 제안했던 절박한 이유와 계기는 평소, '지나치게 많은 사람이 불필요하게, 불편하게, 때로 불쾌하게 다투듯 몰려들어 사는 서울 같은 대도시'의 상황이 너무 안타깝고 개탄스러웠기 때문이다.

일찍이 서울 등 수도권 집중, 과밀화 현상을 대한민국이 앓고 있는 만병의 원인으로 진단한 바 있다. 이 문제를 근본적으로 해결하는 방법은 농촌으로, 지역으로 도시민들이 하방하는 도리밖에 없다는 냉정한 판단을 내리고 있었다. 다만, 농촌과 지역으로 자발적 하방, 균형적 분산을 시키려면 도시민들로 하여금 내려가서 먹고살아야 하는 불안감, 공포감부터 해소, 해방해야 한다. 그게 아니라면 하방을 유인할 특별한 묘책이 없겠다는 판단이 들었다. 그래서 농촌마을과 지역사회에서 '먹고사는 방법'을 해결할 현실적 대안으로 '마을기업[Commune Enterprise]'의 개념과 방법론을 개발, 이렇게 제안한 것이다.

마을기업은 마을공동체가 세우고 꾸리는

"작고 낮고 느리더라도, 서울 같은 대도시가 아닌 농산어촌 마을마다 '먹고 살 거리'를 만들자. 그것도 마을 사람 모두가 '더불어 생산하고 나눠 먹고 살 수 있는 대안기업'을 만들자. 각자가 품고 있는 생활과 생존의 가치와 철학에 따라 땀 흘려 농사지은 만큼만, 그래서 얻어진 만큼만 각자 알아서 먹고사는 방법은 이기적이고 전근대적이다. 마을마다 마을기업을 만들어서, '먹고사는 불안과 공포'에서 벗어나기 위해, 심지어 '남보다 한 숟갈 더 떠먹으려는 욕심과 욕망'을 위해 대도시로 꾸역꾸역 몰려든 대한민국 근현대사의 난민들 스스로 저마다의 마을로 하방할 수 있게 하는 물꼬를 트자."

여기서 '마을기업'이란 단순한 사전적 의미의 기업이 아니다. '자본주의 사회에서 이윤추구를 목적으로 하는 경제단위체'로서 기업을 뜻하는 게 아니다. '비록 자본주의 사회와 체제에 놓여 있지만, 마을 사람들이 서로를 위해, 마을공동체를 위해, 더불어 설립하고 경영하는 지속발전가능한 사업단위체'로 정의해야 한다.

일반적인 마을기업의 사업모델로는 '친환경 농업기반, 농촌경영체 중심, 도농상생 생활·생태공동체'의 형태와 방식을 상정했다. 자본금은, 마을 공동기금과 마을 주민들의 자발적인 투자금을 종잣돈으로 하고 소득기반 확충을 목적으로 하는 정부 농촌지역 개발사업 지원금으로 마련할 수 있다. 사업 구조는 1차 친환경 영농, 2차 유기농식품 가공, 3차 도·농 직거래 및 도농교류 등 농업 전후방연관 서비스를 아우르는 농업경영체의 사례를 제시했다.

이때, 업무 조직에선, 농사를 잘 아는 마을 원주민 등 농민이 친환경 영농을 맡고, '마을시민'이나 '마을주의자'로 진화한 귀농인이 기획, 관리, 마케팅, 생산가공, 정보화 등을 맡아 하면 효율적이고 조화로울 것이다. 이렇게 1차 친환경 영농, 2차 전통식품 가공, 3차 로컬푸드 유통과 농촌문화경관 휴양·치유를 통한 융·복합적 수입원에 농업·생태교육, 지역자원 공정여행 등의 파생 부대수입까지도 얼마든지 기대할 수 있다. 아울러 도농상생, 생태 대안, 지역 연대 등의 기업문화가 바탕이 되면 일꾼들이 더욱 신명이 날 것은 자명하다.

마을기업 살리려면 '마을기업'을 없애야

그런데 2011년부터 정부가 지원하는 관제 '좁은 마을기업'도, 도시민들의 자발적 하방을 촉발, 인도하려는 민간 책임주체 '넓은 마을기업'도 아직 고전 중이다. 사업이 쉽지 않다는 건 상식이지만, 마을기업들의 성과와 전망이 당초 목표와 기대에 미치지 못한다는 건 중론이다. 심지어 정부의 지원을 받고나서 곧 한계상황에 봉착, 폐업한 마을기업도 적지 않다. 노동부의 사회적기업도, 기재부의 협동조합도, 농식품부의 농어촌공동체회사도, 복지부의 자활기업도, 그리고 행정안전부의 그 마을기업도 정도의 차이는 있되 양상과 형편은 크게 다르지 않다.

그래서 마을기업 등 사회적경제인들은 '사회적경제기본법안'에 기대를 걸고 있다. 부처마다 경쟁적으로 양산, 도처에 산재한 이른바 '사회적경제 조직'들을 한곳으로 통합하여 효과적으로 관리하려는 취지의 법률이다. 법 제정을 기화로 부처별로 난립한 사회적경제조직을 정비하는 등 불완전한 법적 체계와 미완성의 제도를 정비해 정책 혼선의 원인부터 제거하는 건 어떤가. 구체적으로, 사회적경제기본법안의 사회적경제조직으로 나열된 행정안전부의 마을기업과 농식품부의 농어촌공동체회사 정도는 차라리 제외하는 건 어떤가.

물론, 마을이나 농어촌에 기반을 둔 풀뿌리형 사회적 경제 조직을 무시하거나 고사시키자는 주장은 결코 아니다. "마을기업을 없애자"는 건 역설적인 표현일 뿐 오히려 그 반대다. '마을기업'을 보다 체계적으로, 효과적으로 지원하기 위해 관련 정책과 제도의 외형과 내실을 정확하게 재정비, 재정립하자는 뜻이다. 2007년 '마을기업'의 주창자로서 결자해지의 심정으로 '마을기업'의 원형과 제자리를 찾아주고 싶은 바람이다.

돌이켜보면, 태생적으로 마을기업, 농어촌공동체회사는 부처별 견제 또는 경쟁심리가 작동한 과욕의 산물로서 불요불급한 사회적기업의 아류로 오인, 의심될 수 있다. 우선 정부가 설계하고 시행하는 관제 마을기업은 마을기업의 원형이나 본질에서 벗어난 아쉬움이 있다. 본디 '넓은 마을기업'은 정부의 사업지침대로 소득이나 일자리를 창출하는 영리사업체의 역할과 기능에 그치는 게 아니다.

그보다는 오히려 마을공동체 사업의 책임경영주체라는 지원 역할을 더 본질적이고 궁극적인 목표이자 가치로 삼을 필요가 있다. 마을공동체사업을 잘 관리하고 경영하는 도구이자 수단의 소임에 충실해야 하는 것이다. 아예 이름도 마을기업이 아니라 '마을공동체기업' 또는 '마을공동체형 사회적기업'이라고 부르면 의미와 목표지점이 더 명확해지지 않겠는가.

마을기업으로 사회적 경제의 선순환 생태계를

마을기업의 정체와 위상을 재정립하는 기회에, 고시나 등단 제도처럼 누군가에게는 불편부당해 피해의식을 안길 수 있는 정부의 사회적 기업 인증제도 역시 전향적으로 폐지하는 건 어떤가. 물론 '인증' 제도가 거두는 행정적 관리효과와 통제의 효능을 무시할 수는 없다. 대신 사회적 기업 가치평가지표를 잘 개발, 사회적 기업 의무 경영공시제로 대체하면 인증보다 더 합리적이고 과학적일 것이다.

마을기업이나 사회적 기업은 공공조달시장에서 거래처와 소비자에게 스스로 사업성과 상품성을 얼마든지, 당당히 '인증' 받으면 된다. 건강하고 건전한 사회적 기업은 '인증기업'이 아니라, 기업의 사회적 가치와 사업의 지속가능 역량을 스스로 창출, 축적한 기업이다. 인증 등 정부의 지원, 보호라는 링거 주사로 수명을 강제로 연장하는 건 상책이 아니다. 사회적 경제도 자연도태의 신진대사와 선순환의 생태계가 작동되는 게 상식적이고 자연스럽다.

어차피 사회적 기업은 한계와 한도가 있는 공공시장만 쳐다볼 것도 아니다. 정부의 조련과 수혈에 길든 고만고만한 초식 소동물만 서식하는 한국형 사회적 생태계는 너무 척박하고 무미건조하다. 성공한 영리 기업 등 육식동물도 적당히 어울려야 초원은 울창해지고 풍요로워진다. 생물들의 생명력과 적자생존 가능성도 커진다. 무엇보다 사회적 경제계에도 중소기업과 대기업의 상호 협동과 연대를 통한 호혜적 상거래가 활발히 이루어져야 한다. 그래야 결국 자율적, 자생적인 자기조정기능으로 건강하게 작동되는 민-민 자조, 민간 자치 시장이 형성될 수 있다.

나아가 "대체 우리는 마을기업 같은 사회적 경제를 왜 해야하는지, 과연 잘할 수 있는지"부터 재고해보자. 혹시 사회적 기업가들은 일자리나 소득을 어서, 많이 늘리라는 행정의 재촉과 겁박에 위축되거나 휘둘린 적은 혹 없는지 자숙해보자. 사회적 경제가 오직 돈을 벌자는 게 아니지 않은가. 억지로 아무 일자리나 양적으로 늘리고 보자는 건 더욱더 아니지 않은가.

그러니 마을기업 등의 사회적 경제란 그 자체가 목적이나 완성이 될 수 없다. 차라리 지속발전가능한 마을·지역공동체 생태계의 건설이라는 목적을 실현하는 유력한 수단이나 도구에 가깝다고 해야 한다. 따라서 사회적 경제라는 수단과 마을·지역공동체의 목적이 서로 돌고 돌아, 결국 서로가 서로를 살리는 선순환의 생태계구조부터 재설계해야 한다. 결국,

마을기업이라는 이름, 사회적경제라는 법안이 가장 중요한 건 아니라는 말이다.

마을기업은 마땅히 생태기업이라야

사실 기업의 성공은 돈이나 정부 지원, 행운이 가져다 부지 않는다. 기업 그리고 기업인 스스로의 진정성과 도덕성, 그리고 실력에 달려 있다. 정도경영, 친환경경영, 상생경영으로 무장한 생태기업 정책이라야, 불법, 반칙, 변칙, 비리가 난무하는 기업환경을 개혁하는 대안모델이 될 수 있다. 불확실성과 불공정성이 지배하는 국가경제 발전의 새로운 패러다임으로 삼을 수 있다. 마을기업도 마찬가지다. 그래서 마을기업은 생태기업[Eco-Enterprise]'이라는 등식이 마땅히 성립되어야 한다.

여기서 생태기업이라 함은 '옳고, 바르고, 열리고, 큰, 우리의 기업'이라고 상징적으로 비유할 수 있다. '옳은 기업'이란 인간적 규모의 기업이다. 회사 공동체 구성원이 서로 쉽게 알 수 있고, 긴밀히 영향을 주고받는, 가족, 친지끼리 창업한 적정한 규모의 소호형 기업을 말한다.

'바른 기업'이란 다양한 경영요소가 조화롭게 완전히 갖추어진 기업으로, 회사 공동체 내에서 업무를 수행하면서 노동, 사업활동, 생활 등 일상적 업무활동의 모든 부분이 균형 잡힌 비율로 통합되어 존재하는 생태기업이다. 가령 일하는 사람을 먼저 생각하는 업무기반을 갖춘 직원복지 우수기업이 그럴 것이다.

'열린 기업'이란 인간의 활동이 기업환경과 조화로운 기업으로, 경영자든 노동자든 회사 공동체 구성원 모두가 기업을 지배하려 하지 않고, 각자 제 역할을 찾아 서로 조화롭게 협력, 상생하는 생태기업이다. 적재적소의 전문인력이 중심이 되어 노사가 일심동체로 경영하고 노동하는 기업이 그럴 것이다.

'우리 기업'이란 건강한 인간성이 개발 가능한 기업으로, 업무적, 물질적 성취 외에 육체적, 감정적, 심리적, 정신적으로 조화된 자기계발을 통해 회사 공동체 구성원 모두의 인간성이 확장하고 발전하는 생태기업이다. 업무, 자기계발, 휴식이 하나 되는 커뮤니티가 활성화되고 사회에 봉사하고 기여하는 기업일 것이다.

마을기업은 나라경제의 대안이 될 수도

'큰 기업'이란 무한한 미래로 지속 가능한 기업으로, 소속한 회사 공동체에 국한된 이기적인 성취에만 집착하거나 만족하지 않고, 외부의 세상과 인간, 앞으로의 미래를 위해 넓게 멀리 늘, 계획하고 소통할 수 있는 생태기업이다. 미래 유망하고 가치 있는 사업모델을 가지고 광역적으로 상생하는 네트워크를 보유하고 유지하는 미래지향적 기업이 그리될 수 있을 것이다.

구체적으로, 경제, 교육, 문화, 생태, 지역, 사회 등을 화두로 도농교류·직거래, 휴양·치유체험, 로컬푸드, 대안교육, 대안기술, 생태건축, 문화예술 등 더 인간적이고 생태적인 사업거리가 '마을기업'의 가치와 품격에 맞을 것이다. 또 마을농장, 마을공장, 마을가게, 지역유통, 농장마을 등은 '좋은 마을을 일으키는 경제기업'으로서 마을기업이 될 수 있다.

또 마을학교, 농장학교, 지역교실, 체험마을, 교육마을 등은 '바른 마을을 일깨우는 교육기업'으로서 마을기업들이다. 아울러 예술단, 문화원, 공방, 조사단, 박물관 등은 열린 마을을 퍼뜨리는 문화기업', 생태건축가, 대안기술자, 대안대학, 사회복지원, 연구소 등은 '옳은 마을을 지키는 생태기업'으로서 마을기업이라 할 수 있다.

이렇게 생태적이고 공동체적인 마을기업을 마을공동체사업의 실행방법론으로 채택해야 한다. 지속가능한 농촌생활을 담보할 수 있는, 지속가능한 생업거리로서 '마을기업'이야말로 합리적이고 실용적이며 공정한 대안이 될 수 있다.그래야 '작고 낮고 느린, 일과 삶과 놀이가 자연스럽게 하나 되는 생태적인 마을공동체'를 실천할 수 있다. '마을기업'은 마을에 사는 마을사람들의 단순한 밥벌이 수단에 그쳐서는 안 된다. 잘하면, 생태적이고 공동체적인 삶을 소망하는 온 국민의 새로운 생활방식이나, 나라 경제의 대안이 될 수 있다.

3.2

경제적 마을기업

필요한 만큼 함께 벌어, 서로 나눠 쓰는 마을경제

그림 3-2 진안군 군민들의 마을기업 〈농업회사법인 진안마을주식회사〉

그동안 농촌마을로 하방해 이런저런 마을기업[Commune Business, -Enterprise]을 벌이고 꾸렸다. 아쉽지만, 거의 당초의 사업계획이나 소망대로 실현되지는 않았다. 이후 농촌형 사회적기업, 또는 마을기업의 개념과 가치는 반성과 각성의 기록으로 점철됐다. 그때마다. 1997년부터 2002년까지 6년여 동안 도시에서 저질렀던 벤처기업[e-Biz Venture]의 추억, 또는 좌충우돌의 고난사가 중첩돼 떠올랐다. 개인적으로 물심양면으로 치명적인 실수와 실패를 자초한 벤처사업에 관한 기억은 거의 '좋은 추억'은 아니었던 것이다. 물론 더욱 강한 인격으로 학습하고 단련한 성과가 없었던 것은 아니지만 말이다.

지금 돌이켜보면, 본디 벤처는 나라의 미래 경제, 국민의 가계생활을 책임질 대안으로 삼을만한 정책이 아니었다는 각성이 든다. 대다수 벤처는 그저 외형과 구호가 남다르게 여겨지는 업력이 일천하고 위기관리 능력이 취약한 중소기업군에 불과할 뿐 아니겠는가. 심지어 높은 수익만을 노리다 투자와 투기의 경계를 혼동하거나, 남과 오직 달라야 하는 벤처사업의 속성상 숙명적으로 개별적이고 이기적일 수밖에 없는 처지의.

따라서 벤처는 2002년의 국민의 정부가 야심 차게 내걸었던 크나큰 선의는 미처 담을 수 없는 밑 빠진 그릇이었던 셈이다. 애초 나라나 국민의 공공을 우선하는 난세의 구국운동 차원의 시대조류는 될 수 없는 것이었다. 설사 벤처가 잘되고 그래서 나라 경제의 부흥을 견인한다 한들, 정부의 정책이 궁극의 목표로 지향해야 할 국민의 행복과는 그다지 상관없어 보인다. 국민이 느끼는 '잘 먹고 잘살고 있다'는 행복감이란 그런 화폐적이고 계량적인 지표로 잴 수 있는 게 아니다. 그러니 '벤처강국' '창조경제' 같은 기만적인 구두선은 그만 되풀이되어야 한다. 마을로 하방해 더욱, 새삼 뼈저리게 깨달았다.

도시 노동자와 농촌 농민의 공동협동조합을

아마도 '마을기업'을 주창한 이후 지속적으로 '경제적 마을기업'의 혁신적이고 실사구시적인 모델을 궁리하고 있다. 논리적 근거와 방법론적 배경은 마땅히 도시의 벤처에 대한, 마을의 마을기업에 대한 반성과 교훈을 바탕으로 삼고 있다. 그 결과, 최근 이른바 도시 노동자와 농촌마을 농민·농촌주민이 서로 협동하고 연대함으로써 '생산기지와 생활주거가 유기적으로 결합, 연계하는 공동협동조합'을 중심에 두는 모델을 개발하고 있다.

이름하여 '의성군 단촌면 활기찬 농촌프로젝트 시범사업'이다. 농식품부와 지자체에서 모두 100억 원의 사업비를 지원받는다. 그러니까 100억 원짜리 협동조합형 마을을 새로 만드는 셈이다. 핵심사업은 이른바 '귀농인 체류형 농장'이다. '체류형 농장'이란 귀농을 희망하는 도시민이 일정 기간 농촌에 체류하며 다양한 친환경영농기술 및 농촌생활기술(목공, 봉제, 요리, 철공, 관광, 체험, 사회적경제 등)을 체험, 학습, 훈련하고, 귀농 입주민과 지역주민이 사업운영주체인 협동조합을 공동으로 설립·운영함으로써 성공적인 귀농 및 농촌정착을 지원한다.

2019년 상반기 입주를 목표로 의성군 단촌면 구계리 일원 26,900㎡의 부지에, 총 25세대의 체류형 농장을 조성한다. 농장의 주요시설[H/W]은 체류형 농장을 비롯해 생태캠핑장, 커뮤니티센터(교육장, 방문자센터, 카페, 가공장, 직판장 등), 야외 체험장 등이다. 이러한 시설을 기반으로 운영될 주요 사업프로그램[S/W]은 마을캠프, 마을생활기술학교, 지역문화복지회관, 지역관광 네트워크(공정여행), 지역 도농상생 및 사회적경제포럼, 마을축제, 마을잡지, 마을홈페이지 등이다.

이 사업은 귀농인들의 안정된 지역사회 정착과 지속가능한 생활을 위해 주거 지원 등 생활기반 시설은 물론, 예측가능하고 지속가능한 소득 및 일자리 창출을 위한 생산기반 시설과 운영 프로그램이 유기적으로 결합할 필요가 있다는 문제의식을 바탕으로 하고 있다. 여기에 지역의 농업인, 상공인, 주민협의회·사업추진위 등을 아우르는 지역주민 대표도 사업의 또 한 축의 핵심 주체로 적극적으로 참여해야 한다. 이처럼 귀농인과 원주민이 상호호혜적으로 협업하고 상생하는 이른바 '도·농 협동연대 공동체 사업 조직'의 형태와 방식이 가장 효과적이라는 판단이다.

생활과 생산이 결합된 도농연대 마을기업을

이때, 마을공동체사업에서 적정한 소득 등 사업성과 시장성을 보장해 줄 수 있을 정도의 안정되고 유망한 '생산기반 일터'는 '최소한의 적정한 규모 및 범위의 경제'를 기본요건 및 사업환경을 선행 필수조건으로 하는 다분히 경제적인 논리에 근거해야 한다. 따라서 '의성군 단촌면 활기찬 농촌프로젝트 시범사업'은 기존의 농촌지역개발사업의 접근방식과는 다른 전향적 방식을 시도하는 것이다. 그 중심과 정점에 협동조합이 놓인다.

즉, 농업 융복합 사업(6차산업), 귀농어·귀촌지원 사업 등 농식품부의 정책사업을 수행하는 명확한 사업주체로서, 은퇴노동조합원, 생협조합원, 귀농학교 수료자 등 공동·집단귀농인그룹과 지역주민이 상호호혜적으로 결합한 이른바 '도농협력상생 협동조합'의 구성형태와 운영방식을 상정하고 있다. 이로써 개별귀농의 한계와 불확정성을 극복하는 실사구시적인 귀농 및 도농상생의 공동체사업 패러다임으로 전개하는 접근방식을 채택하고 있다.

이처럼 특정 대기업(노동조합), 소비자생협, 귀농학교 등과 특정 지자체가 상호 귀농지원 또는 도시민유치지원 협약을 체결하고 이른바 '공동·집단 귀농 및 도농상생 협동조합' 중심의 귀농사업을 추진한다면 우선 공동체 사업의 책임주체가 법적으로, 현실적으로 명확해지는 효과가 있다. 기왕의 불특정다수의 일반 도시민들을 대상으로 추진되는 각자의 이해관계와 지향점이 혼재되고 분산된 일반적인 집단귀농 방식의 한계와 문제를 해소할 수 있을 것으로 기대할 수 있다.

결국 '공동·집단 귀농 및 도농상생 협동조합'이 생산수단인 사업장은 물론, 생활환경, 생활방식을 귀농인과 지역주민이 상호 호혜적으로 공유함으로써 마을공동체 내부는 물론, 나아가 지역사회 공동체의 재생과 활성화에도 기여하게 될 것이다. 나아가 협동조합이 의성군 지역사회의 민관거버넌스의 주축으로, 사실상 마을공동체, 사회적경제, 농업 등을 포괄하는 중간지원조직 역할과 책무까지 감당할 수 있을 것이다.

마을공동체의 지속가능성은 '경제적 마을기업'에 달려

2012년 12월 1일 협동조합 기본법이 발효된 이래 1만 4천여 개가 넘는 협동조합이 신고수리됐다. 하지만 주위를 둘러보면 '제대로 문을 열고 정상적으로 장사를 하는 등록 사업자'는 그리 많지 않은듯 하다. 국제협동조합연맹[ICA]의 정의에 따르면 '협동조합은 공동으로 소유되고 민주적으로 운영되는 사업체를 통하여 공통의 경제, 사회, 문화적 필요와 욕구를 충족시키고자 하는 사람들이 자발적으로 결성한 자율적인 조직'이다. '사업체'이면서 동시에 '결사체'의 성격과 목적을 띤다. 기업으로 생존하고 조합원들도 만족시키면서 지역사회에도 기여하면서 세 마리 토끼를 모두 잡아야 한다. 난이도가 높은 숙제다.

전체 설립 협동조합의 10% 정도를 차지하는 농업·농촌 관련 협동조합은 더 말할 나위가 없을 것이다. 농민이라는 파편화된 조합원들, 농촌이라는 형해화된 지역사회, 농업이라는 저부가·고불안 업종의 특성상 수익성과 사업성, 지속가능성 측면에서 성공적 경영을 하기에 유리한 조건이 아니기 때문이다. 이처럼 공동체가 해체되고 경제기반이 붕괴된 농촌 지역사회에서 협동조합은 중요한 해법이 될 수 있지만 풀어야 문제는 아직 산적하다.

그럼에도 협동조합 같은 마을기업은 농정을 푸는 유력한 해법이 될 수 있다. 농민들이 현장에서 요구하는 농업의 대안은 기업농 중심, 자본투자 위주 모델이 아니기때문이다. 가령 중소농 중심 협동조합 방식의 '협동화사업' 모델이다. 정부의 정책이 압박하는 농기업 창업, 일자리 창출, 농가소득 제고 등의 정책목표는 행정 일방의 관리와 통제가 아니라, 중소농의 자조적이고 자치적인 협동화사업의 선순환 구조 속에서 부산물로 따라오는 것이다.

무엇보다 이렇게 '협동사업화'를 통한 자조적 지역사회 발전 전략은 주민의 삶의 질 향상, 지역사회 내부역량 증진 등의 효과를 가져온다. 행정, 주민 등 지역사회 발전의 추진주체는 효과의 극대화를 위해 지역사회 다수 주민의 이익을 추구하기 때문이다. 특히 다수가 참여하는 '지역사회 또는 지자체 단위의 협동조합' 방식은 개별 농민 구성원의 욕구보다는 지역사회 공통의 발전을 지향하므로 정책적 명분도 충분하다.

무엇보다 적어도 농촌에서 협동조합 같은 마을기업으로 '돈'을 많이 벌지 못하더라도 '사회적 결사체'의 최적화 모델이 될 수 있다. 협동조합은 경제적 목적뿐 아니라 그동안 농촌정책에서 견지해온 농촌의 내생적, 자조적 지역사회 발전전략을 개선하는 적당한 사회적 대안이 될 수 있다. 인구밀도와 생활서비스 접근성이 낮은 농촌 지역사회에 적정한 가격으로 재화와 서비스를 공급하는 데 협동조합이 유력한 수단과 경로가 될 수 있다. 결국 인구 과소화, 지역사회 공동화, 중앙과 격리 등으로 발생하는 농촌지역의 '사회적 배제[Social Exclusion]' 문제를 해결해 마을공동체의 지속가능성을 담보하는 최적의 해법으로 보인다.

3.3

사회적 마을기업

민주시민들이 함께, 마을과 사회를 살리는

그림 3-3 전국 최초의 교육협동조합 '진안교육협동조합'이
마을교육공동체로 되살리고 있는 진안 백운면 소재지 풍경

우리 농촌에는 아무것도 남아있지 않다. 사람도, 돈도, 희망도 없는 사막 같은 공간이다. 그래서 근본적으로 인구 밀도가 낮고 생산인력이 부족한 이런 농촌에서 어떤 사업이라도 벌이는 건, 새로 기업을 설립해 창업을 하는 건 어쩌면 무모한 실험일 것이다. 농촌은 이미 높은 시장 실패의 위험이 상존하는 비생산적, 비창조적 벽지로 전락한 지 오래다. 오늘

날 공동화, 형해화된 농촌지역의 특성상 구조적, 환경적으로 충분한 규모와 지속가능한 기간의 상권형성은 사실상 어렵다.

그렇다면 농업 비즈니스, 농촌 창업이란 모두 기만이고 거짓말인가. 이런 의심이 든다면, 기업부도와 시장실패의 위험을 예방하거나 최소화할 수 있는 거의 유일한 방법을 택하면 된다. 마을시민들이 힘을 모아 '마을기업'을 함께 세우고 꾸리는 것이다. 그것도 농촌의 주민들이 협업을 통해 생산·소비협동조합을 결성한다면, 나아가 소득과 일자리 목표에 매몰되지 않는 사회적 협동조합 같은 '사회적 마을기업'은 농촌지역에서도 자립, 자조 가능한 유력한 자구책으로 작동할 수 있다.

이런 사회적 마을기업을 통한 협동적, 연대적, 자조적 지역사회 발전 전략은 주민의 삶의 질 향상, 지역사회 내부역량 증진 등의 '사회적 효과'를 가져온다. 행정, 주민 등 지역사회 발전의 추진주체들은 소득이라는 경제적 지표보다는 지역사회 다수 주민의 편익을 우선 추구하기 때문이다. 특히 그 지역사회의 구성원 절대다수가 참여하는 '지역사회 또는 지자체 단위의 협동조합'을 조직할 수 있다면, 개별 농민 또는 지역주민 구성원의 개별적, 개인적 욕구보다는 지역사회 공통의 공동선이라는 가치관까지 공유하고 분배할 수 있다. 소득, 일자리라는 정책의 실리는 물론 명분까지 확보할 수 있다.

특히 협동조합은 '사회적 마을기업'을 이루는 실질적 방법론이다. 또 지역사회의 사회적 자본[socail capital]을 생산하고 축적하는 장치가 될 수 있다. 지역사회 주민들이 협동조합 발기인으로, 임원으로, 조합원으로,

이용자로 참여, 협동조합의 발전과정, 조합원 역할, 리더십 등을 경험하고 공유하는 과정에서 신뢰, 규범, 네트워크 등의 사회적 자본이 형성되는 것이다.

농촌의 삶의 질과 지역의 품격을 높이는 '사회적 마을기업'

'사회적 마을기업'은 농촌주민의 삶의 질을 높인다. 지역사회의 품격을 올린다. 영광의 '사회적 마을기업' 여민동락 공동체를 보면 그 효과를 실증적으로 확인할 수 있다. 2011년『마을을 먹여 살리는 마을기업』을 통해 마을기업을 마을마다 세워 형해화, 공동화된 농촌마을 공동체를 복원하고 재생하자고 제안했다. 마을기업을 지역마다 꾸려 파편화되고 사막화된 지역 사회에 활력과 희망을 불어넣자고 호소했다.

당시 우연히 눈에 들어온 여민동락은 벌써 그러한 마을기업의 표상이자 전범으로 삼기에 충분한 외형이자 내실이었다. '더불어 모시고 나누는 옳은 사회복지원'이라는 별명을 붙이기에 전혀 주저함이 없었다. 여민동락의 사람들은 '여럿이 함께 만드는 즐거운 세상'이라는 '여민동락與民同樂' 이름 그대로 생각하고 행동하고 실천하고 있었던 것이다. '지역주민의 자주성과 지역사회의 공생성 강화를 위한 농촌디자인을 꿈꾸며'라는 설립취지는 마치 새로운 독립국가를 건설하려는 강령이나 헌법처럼 비장한 진정성마저 느껴질 정도였다.

특히 국가의 보조, 외부의 시혜적 지원은 받지 않는다는 철칙을 고수하는 게 인상적이었다.

“미래의 블루오션이라 할 수 있는 농촌에서 새로운 공동체 실현지를 만들고, 결국 공동체들이, 횡으로, 유기적으로 묶이고 엮이는 전국적 네트워크 모델을 만들고 싶다”며 여민동락을 설립한 주역, 강위원 투게더광산 나눔문화재단 상임이사의 설명을 들으면서, 왜 그런 고집을 부리는지 금방 이해가 되고 각성을 했음은 물론이다.

“상부나 외부에서 보조나 지원을 받게 되면 복지시설은 관청의 하부시설로 전락할 위험이 있고 시혜자 입장에서 시설이 일방적으로 운영될 우려가 있다. 자조적이고 자치적인 복지모델이라야 지속가능할 수 있다. 또 제도적 복지 안에 갇힌 폐쇄적 복지에서 벗어나 농촌과 농업을 살리는 지역복지운동으로 확대하려면 관 주도 복지패러다임에서 벗어나야 한다.”

칠곡군은 2015년 지역의 대표적 주민프로그램이자 전국적 마을공동체사업의 명품이 된 인문학마을만들기 운영주체인 인문학마을협의회를 ‘칠곡인문학마을 협동조합’으로 전환했다. ‘마을과 사람의 이야기’를 통해 삶의 가치를 높이고 소통과 공감을 늘리는 사업목적의 칠곡인문학마을협동조합은 지역의 14개 마을로 구성, 인문학마을 문화 교육사업, 인문학마을축제, 지역개발사업 등 인문학사업을 주민 중심의 지속가능한 사업으로 만들어가고 있다.

‘사회적 농촌’이려면 ‘마을교육공동체’부터 다시

춘천 사북면 고탄리에는 교육을 테마이자 목표로 정한 사회적협동조합이 꿈틀대고 있다. 농촌유학센터와 지역아동센터를 복합적으로 운영하는 별빛산골유학교육센터이다. 운영주체인 법인은 '춘천별빛산골교육사회적협동조합'은 교육부의 승인을 받았다. 농촌유학을 시작하기 전 마을의 송화초등학교는 20명이 재학하는 아이들이 채 안됐지만 이제 50명이 넘어 폐교 위기를 걱정하지 않는다.

아이들이 마을과 마을학교를 좋아하니 따라 들어온 귀농가족도 이어지고 있다. 자연스레 마을주민과 귀농인의 일자리도 창출됐다. 농촌유학센터와 지역아동센터에서 일하는 생활교사, 아동복지교사, 급식도우미, 방과 후 프로그램 강사 등 20여 명의 마을주민과 귀농청년들이 일하고 있다. 농촌지역개발사업, 산골마을119라는 마을자치 복지프로그램 등도 협동조합이 나서 책임지고 벌이고 있다. 이른바 학교와 마을이 유기적으로 결합한 '마을교육공동체'의 실천모델이라 평가할만하다.

경기도 교육청에서 핵심사업으로 추진하는 '마을교육공동체'의 중심에도 '사회적 마을기업' 협동조합이 놓인다. 한마디로 학교의 울타리를 넘어서는 학생교육을 지향하고 있다. 지자체, 교육청, 시민사회, 주민 등 지역의 모든 교육적 자원을 동원해 학생들의 인격과 지성의 성장을 이끌어 마을 전체를 큰 학교로 만들어보겠다는 계획이다. 그러자면 협동조합 같은 조직을 중심에 세워야 지역사회가 학교에 참여하고 협력하는 마을교육공동체가 가능하다는 수행전략이다. 구체적으로 학교 정규과정에서 마을교육과정 실시, 학교협동조합 구축, 마을학교 축제, 사회적협동조합 방과후학교 지원센터 설립, 혁신교육지구 사업의 마을교육공동체 사업 전환 등을 시행하고 있다.

춘천이나 경기도의 사례처럼 '협동조합 중심의 마을교육공동체'야말로 '사회적 마을기업'의 건강한 육묘장이자 이상적인 실천 현장이 아닌가. 마을학교, 마을교육공동체에서 길러진 민주시민들이 결국 마을기업을 세우고 꾸릴 '마을시민'일 것이기 때문이다. 그곳에서는 교육을 중심으로 학교, 마을, 자치단체가 역할을 분담, 공동의 가치를 실현하고 있다. 한 명의 아이를 기르기 위해서는 마을이 학교가 되고 주민이 교사가 되는 새로운 교육패러다임을 개발하고 있다. 협력과 나눔의 공동체 문화를 배우고 건강한 민주시민으로 성장하기 위한 '지역사회학교'라 할 수 있다.

지역의 협동과 연대가 강조되는 이 같은 '지역사회학교'는 결국 마을·지역공동체 재생과 활성화를 위해 학생과 교사가 지역 활동에 참여함으로써 사회발전에 공헌하고 학교에 의해 지역사회의 교육기관·교육 활동을 조정하고 지원할 수 있다. 무엇보다 지역사회학교에서는 지역사회의 문제를 주민 공동의 힘으로 발견하고 해결할 수 있도록 지원할 수 있게 되며, 농어촌 학교가 직면하고 있는 교육적 문제 역시 지역 주민과 함께 풀어가야 할 공동의 과제라는 인식을 공유해야 한다. 학교와 마을이, 학생과 선생, 그리고 마을주민들이 서로 배우고 가르치며, 돌보고 보살피는 '마을교육공동체'야말로 바로 '사회적 마을기업'의 표본이다.

마을공동체와 사회적경제를 융합하는 '사회적 마을기업'

그런데 '사회적 마을기업'이 제대로 작동하려면 마을공동체과 사회적경제가 서로 겉돌지 않고 하나로 긴밀히 어울려 돌아가야 한다. 2015년 9월 개소한 아산시 공동체지원센터(커뮤니티 비즈니스센터)는 마을공동체,

사회적경제, 도시재생 분야를 통합한 지원 체제를 구축했다. 지역경제의 선순환 구조를 만들기 위해서는 마을만들기, 사회적경제, 도시재생사업 등 세 분야를 통합 지원하는 게 적합하다고 판단한 것이다. 특히 주민과 행정기관 간 협력과 자발적 참여를 유도하는 민관협치(거버넌스)의 방식으로, 행정은 지원은 하지만 간섭은 하지 않는 이른바 '팔길이 원칙'을 채택한 게 고무적이다.

오늘날 우리 농촌공동체 현장에는 마을만들기, 농촌관광 등 농촌지역 개발사업, 농식품 가공, 로컬푸드 직거래 등 6차산업화, 마을기업, 협동조합 등 사회적 경제 등이 '따로 또 같이' 혼재되어 동시다발적으로 병행 추진되는 양상이다. 결국 이 같은 제반 정책사업들이 궁극적으로 지향하는 목표지점에서는 '농촌마을공동체의 재생 및 활성화'로 수렴된다고 볼 때, 각 사업 총합의 효용과 시너지효과를 극대화하기 위해서는 사업별 개념, 목적, 그리고 각 사업 사이의 진행 단계와 체계 등을 보다 상호연결성 있게, 유기적으로 재설계, 재정립할 필요가 있다.

농가소득 제고 및 일자리 창출을 주목적으로 하는 '6차산업화'는, 마을공동체 사업을 실행하는 '효과적 도구나 방법'의 1단계 정책과제로 추진할 필요가 있다. 또 협동경영체 조직화 및 민주화를 주목적으로 하는 '사회적 경제'는, 마을공동체사업 수행을 위한 '최선의 수단과 과정'이면서, 마을공동체 사업을 벌이는 '최적의 가치와 명분'을 설명할 수 있는 2단계 정책으로 자연스레 이어질 수 있을 것이다. 1단계 6차산업화, 2단계 사회적 경제 등 주로 '생업(경제)' 문제를 선결하는 선행 정책과제 및 사업의 성과를 바탕으로 마침내 '생업과 생활이 하나 되는 공공 공유의 공간'으로서 '마을 및 지역사회 공동체'는 '궁극의 목적이자 지상과제'로서 3단계 정책으로 추진하는 게 합리적이고 효과적일 것이다.

다만 이때, 1단계 6차산업화, 2단계 사회적 경제를 거쳐, 3단계 마을 및 지역사회 공동체까지 단계별 과제가 성공적으로 수행되기 위해서는, 1단계 진입 이전에 사업마다 공통된 가용자원[resource]이자 지원 토대[platform]로서 '인적·물적 유·무형의 사회적 자본'부터 갖추는 게 중요하다. 마을공동체와 사회적경제가 융합된 중간지원조직이 그러한 지역의 사회적 자본을 생산하고 활용하도록 하는 '사회적 자본 제작소 및 발전소' 역할에 걸맞은 최적의 항법장치가 될 수 있을 것이다. 바로 마을공동체와 사회적경제가 융합된 중간지원조직이야말로 '사회적 마을기업'의 정점이자 총아라 할 수 있을 것이다.

3.4

마을공동체사업의 모델

주민주도의 자력모델을

그림 3-4 무주 초리넝쿨마을의 '마을회의'에서
농촌주민들은 '마을시민'이 된다. 마을공동체사업 주민총회.

전국 도처에 지자체끼리 경쟁하듯, 경연대회가 만연하는 '마을만들기 운동 또는 사업'은 쉽지 않다. 법, 정책, 제도로 해결될 문제가 아니다. 사람이 없고 조직이 없는데 '마을만들기사업'이 잘 될 리 없다. '마을만들기'를 하려면 마을공동체를 책임지는 사업조직으로써 '마을기업'이 선행되어야 한다. 그 사업조직의 관리와 운영을 책임질 '잘 학습되고 훈련된 민주적 마을시민'이 필수 전제조건임을 말할 필요가 없다.

이런 마을시민과 마을기업이 준비된다면 법, 정책, 제도가 없어도 '사람 사는 마을, 사람을 살리는 마을' 즉 '살림마을'은 내발적으로, 창조적으로, 저절로 만들고 꾸릴 수 있다. 이렇게 이룩된 살림마을에서는, 도시민 체험관광객 등 외부인에게 보여주기 위한 구경거리나 놀이터를 만드는 '마을만들기'를 하지 않는다. 마을은 상업적인 관광지나 공원 등 유흥의 공간이 아니라 인문적이고 사회적인 생활과 휴양의 터전이기 때문이다.

살림마을은, 원주민, 귀농인 등 내부인의 생활과 생존을 위한 삶의 질을 높이는 '마을살리기' 또는 '마을 살이'를 실천하는 마을이다. 한마디로 '마을시민'과 '마을기업'을 중심으로 주체적이고 사회혁신적으로 실천하는 지속발전 가능한 농촌·지역공동체마을을 뜻한다. 앞으로 벌이는 마을공동체사업의 모델은 이런 방향과 가치를 지향해야 한다.

마을시민, 마을기업, 살림마을의 '세마을' 해법

이는 '세(3)마을 해법'으로 정리할 수 있다. 굳이 전근대적이고 국가 통제적인 '새마을운동'의 정책이나 방식과 의도적으로 각을 세우기 위해 이렇게 명명하는 것이다. 한마디로 '마을시민들이 함께, 마을기업을 세우고 꾸려, 살림마을에서 먹고 살아가는 방법'이다.

'마을시민'은 '사회민주적 농민 또는 농촌주민'을 뜻한다. 농사짓는 농민과 귀농인, 농사짓지 않는 귀농인을 모두 포함하는 개념이다. 마을기업을 창업하고 운영하는 사업 주체가 된다. '마을기업'은 '사회경제적 농업'의 법적, 윤리적 책임 주체를 의미한다. 여기에 농업 외에 그 전후방 연관산업까지를 아우른다. '마을시민들이 마을공동체를 위해 함께 설립하고 운영하는 농업·농촌경영체'를 일컫는다.

'살림마을'은 '사회생태적 농촌'에 다름없다. 외부인의 구경거리나 놀이터로서 전시행정용 또는 경연대회용 마을이 아닌 내부인의 생활품격, 삶의 질을 높이는 마을이다. 지역공동체의 거점 또는 허브Hub마을로 기능한다.

지난 십수 년 동안 농식품부, 행정안전부 등 정부에서 지원하는 '마을만들기' 사업의 정책모델에서는 '마을시민'과 '마을기업'이 부재했다. 오로지 1년에서 5년 정도의 사업기간 동안 성과를 나타내기 위해 천편일률적인 '전시용, 경연용 마을'만 붕어빵 찍어내듯 양산됐다. '마을시민'과 '마을기업'이 준비되지 않는 마을에서 벌이는 '마을만들기'는 모두 실패한다. 원래 거짓말이었다.

전문가 필요 없이, 행정은 간섭 말고, 주민 자력으로

마을만들기 같은 마을공동체사업의 과정과 결과를 책임져야 하는 3대 주체는 행정, 주민, 전문가로 나뉜다. 어쩌면 현실의 현장에서는, 전문적이지 않은 '행정과 주민'이 풀지 못하는 문제를 '용역비'을 받고 대신 해결해주는 역할의 '전문가'가 가장 중요할 수 있다. 하지만 마을공동체가 벌어지는 전국의 지역과 사업현장마다 평판이나 성과는 그다지 만족스럽지 않다.

심지어 마을공동체사업을 맡아 할 용역업체를 선정하는 입찰경쟁 과정에서 일을 잘할 수 있는 업체보다 입찰경쟁에서 이기는 기술과 방법론이 뛰어난 비전문업체들이 득세를 하는 지경에 이르렀다. 지난 십수 년 동안 전문가의 위상과 신뢰는 개선되거나 호전되지 않았다. 이제 마을주민들도 불만을 터뜨리고 의심하기 시작했다. "비싼 사업비를 들여가며 '전문가'를 꼭 우리 마을공동체사업 판에 끼어들어야 하는가"하고.

다만, 전문가를 자처하는 용역업체의 역량 부족의 문제만은 아니라는 생각이다. 용역업체로서는 아무리 성실하게 열심히 업무에 임해도, 일을 잘 하려야 잘할 수 없는 구조적 한계를 안고 있다. 근본적으로 국가기간산업으로서 공익행위인 농업도 그렇지만 농촌 일도 사사롭게, 아무나 뛰어들면 안 된다. 마을공동체사업에서 전문가 시장이란 일개 민간 사기업들이 성실함과 진정성을 잃지 않으면서 수지타산도 맞추기에는 적절한 시장이 아닌 것이다. 따라서 수익성보다 공공성을 우선할 수 있는 공공에서 책임지는 게 맞다.

무엇보다 생태, 환경, 조경, 관광, 건축, 도시계획, 농학, 임학, 식품공학, 농경제학, 농업경영학 등 학교 안에서의 전공, 학점과 학위보다 학교 밖에서 현장 경력이 더 소용됨은 두말할 나위도 없다. 그렇다면 차라리 외부 전문가의 역할을 내부의 주민이 맡아 하는 건 어떤가. 그 마을과 지역을 가장 잘 아는 전문가는 바로 그 지역과 마을의 주민이 아닌가. 계획서 등 서류를 만드는 방법, 교육하는 방법은 가르치면 될 일이다. 주민들이 모여 협동조합 방식의 중간지원조직을 세워 교육, 계획, 컨설팅, 연구과제 등을 함께, 스스로 감당한다면 효율적이고 효과적일 것이다. 이때 또 하나의 사업주체인 행정은 EU의 농업회의소처럼 예산은 지원하되 간섭과 통제는 하지 않는 '팔길이의 원칙'만 잘 지키면 된다.

마을공동체를 묶고 엮는 '지자체 협동경영체' 모델로

이렇듯 기존에 마을이나 권역단위의 범위와 규모로 이루어진 마을공동체사업이나 농촌지역개발사업은 근본적 한계와 구조적 취약점을 안고 있다. 바로 주민 역량의 한계, 적정 사업조직 구성 역부족, 규모의 경제 부적합 등의 실패 요인이 내재, 상존하는 것이다. 일단 마을, 권역 단위로는 적재적소에 배치할만한 기본적인 업무인력이나 역량 있는 경영자, 기획자, 관리자조차 구하기 쉽지 않다. 마을시민과 마을기업을 준비할 수 없는데 '살림마을'을 제대로 할 수는 없는 노릇이다.

따라서 사업의 범위와 규모를 최소한 '지자체 단위'로 확장할 필요가 있다. 이른바 '지자체 협동경영체'를 마을공동체사업의 센터와 허브 역할로서 중심에 놓으면 어떤가. 이는 기초지자체 단위로 지역주민들이 자발적이고 주체적으로, 서로를 위해, 그리고 마을과 지역공동체를 위해 설립한 공동사업체의 모습이다. 일종의 '지역단위 네트워크형, 사회적 경제조직 방식의 공동사업체'를 뜻한다.

전북 진안군의 진안마을주식회사는 이른바 '지자체형 협동경영체'의 좋은 사례라 할 수 있다. 로컬푸드 사업을 목적으로 진안군 21개 마을과

11개 단체, 농업인 등이 공동출자, 2011년 농업회사법인으로 설립한 '진안군민이 주인인 주식회사'다. 기존 마을공동체사업의 성과를 종횡으로 묶고 엮은 네트워크로 진화한 셈이다. 마을단위 사업의 선도 사례지인 임실 치즈마을도 자연마을과 행정리를 넘어 지역으로 사업의 지평을 넓히고 있다. 2015년 치즈마을의 마을운영위원회가 대주주로 참여하는 '농업회사법인 임실치즈레인보우 주식회사'라는 출자 회사를 새로 설립한 것이다.

진안마을주식회사나 임실치즈레인보우주식회사나 모두 일개 마을이나 기업이 목표로 하는 사익이나 욕심을 내려놓은듯 하다. 대신 앞으로는 지자체와 군민들과 더불어 공존하고 공생하겠다는 공익의 가치를 확고히 다졌다. 기존의 마을단위 사업이 안고 있던 사업성의 한계를 뛰어넘어, 지역공동체를 기반으로 '규모와 범위의 공익경제'를 구현하려는 현실인식과 목표의식이 확고하기 때문이다.

가령 마을공동체 단위에서는 좋은 농산물을 생산하고 가공식품을 기획하는 고민까지만 하면 된다. 부가가치를 높여 가공하고 홍보하고 마케팅하는 나머지 어려운 일은 지자체 협동경영체에 떠맡기면 된다. 그렇게 믿을만한 '마케팅 에이전시'가 지자체마다 버티고 있다면 사람도, 조직도 부족한 마을에서도 안심하고 마을공동체사업을 벌일 의욕과 용기가 생길 것이다. 마을공동체끼리 서로 묶이고 엮이는, 서로 채워주고 나누는 이상적인 네트워크형 지역사회 발전 모델로 진화할 것이다.

4

대안마을의 플랫폼

4.1

대안마을론

마을은 국가의 대안이 될 수 있을까?

그림 4-1 마을공동체의 지속가능성을 위해 마을공동체사업과 결합한 사회적경제를 실천하고 있는 보은 선애빌생태공동체마을

'마을만들기'는 어렵다. 오로지 마을만들기의 3주체인 행정, 주민, 전문가의 역량과 진정성의 부족 때문만은 아니다. 오히려 구조적이고 태생적인 문제다. 잘하고 싶어도 잘할 수 없는 구조악을 안고 있다. 일단 행정편의적이고 기술만능적인 '마을만들기' 방법론이 문제다. 그 질곡에서 어서 벗어나야 한다. 많은 행정과 주민들이 막연히 소망하는 대로 대

부분 마을은 관광지나 공원이 될 수 없을 것이다. 아무리 홍보, 마케팅, 호객행위를 열심히 해도 농외소득이나 일자리를 창출하는 일은 만만치 않을 것이다.

마을은 결코 상품이 될 수 없다. 단지 주민들의 생활의 터전일 뿐이다. 굳이 마을에 손을 대려면, 예산을 퍼부으려면 마을이 품고 있는 사회적이고, 인문적이고, 문화적인 요소와 자원들을 융·복합적으로 결합, 마치 종합예술 작품처럼 승화시키려는 사업목표를 세우는 게 좋겠다. 결국 '마을만들기'의 방법론은 '마을살리기' 또는 '마을살이'로 가치관, 그리고 자세와 마음가짐부터 전향하는 게 순서다. 그러면 마을로 가는 길이 어렵거나 멀게만 느껴지지 않을지 모른다. 여전히 힘겨운 작업이겠지만, 마을로 가야 하는 당위성과 명분은 최소한 확보할 수 있을 것이다.

여기서 그런 마을을 이른바 '대안마을(살림마을)'로 부르고자 한다. 경제적 측면으로는 1차 유기농산물 생산, 2차 고부가 농특산물 가공, 3차 도농교류와 도농직거래 서비스 등의 가치사슬[Value Chain]이 작동되는 융복합형 농업·농촌 발전전략이 유효하다. 마을공동체사업을 책임지는 '마을시민'과 '마을기업'을 중심으로 주체적이고 사회혁신적으로 지속발전가능한 농촌·지역공동체마을이다.

사회적 측면으로 대안마을(살림마을)은, 도시민, 견학단 등 외부인에게 보여주기 위한 구경거리나 체험놀이터를 조성하는 '마을만들기'는 하지 않는다. 대신, 원주민, 출향인, 귀농인 등 내부인의 안정된 생활과 예측가능한 생애설계를 위한 '마을살리기' 또는 '마을살이'를 실천하는 생활과 생존의 공간이다. 물론 이를 위한 학습과 훈련을 게을리하지 않는 '깨어있는 마을시민'들이 모여 '마을기업'을 함께 꾸리고 사는 공동체마을이다.

'사람과 조직'이 책임을 지는 대안마을

그런데 대안마을은 정책이나 제도로 만드는 게 아니다. 제대로 하려면 정부나 외부의 지원 이전에 먼저 마을 안에 그 일을 감당할 사람과 조직이 충분히 준비되어 있어야 한다. 기존의 마을이나 권역 단위에서 벌어지는 각종 농촌지역개발사업, 또는 마을공동체사업의 현장을 보라. 충분한 사람과 조직은커녕, 기본적으로 의사결정구조와 책임소재 차제가 불명확한 사례가 비일비재하다. 주로 이장이 겸직하는 위원장 중심의 위원회(추진 또는 운영)가 주도하는 마을공동체사업은 주체조차 모호하고 불분명하다. 설사 책임을 지고 싶어도 책임을 질 수 없는 무기력하고 무책임한 구조다.

사업의 주요방향과 과제를 결정하는 위원회나 협의회는 사업을 책임지는 법인격이나 사업의 실무 시행주체가 아니다. 단지 의사결정구조에 불과하다. 따라서 책임을 질 수 있는 법인격을 갖춘, 결정한 의사를 시행할 수 있는 마을공동체사업의 업무조직이 필수적이다. 적어도 그런 '마을기업'의 설립과 운영이 가능한 마을에 한해 정부는 사업비를 지원해야 한다. 그러면 일단 사업의 책임주체가 명확해지는 효과는 물론, 마을주민들이 마을기업에 출자와 참여를 결심하고 결행하는 과정에서 심기일전의 사명감과 책임감이 작동한다. '밑져야 본전'이라는 생각으로 아무나 마을공동체사업에 함부로 뛰어들지 않을 것이다.

대안마을을 하고 싶은 마을의 주민들은 다양한 학습과 깊이 있는 훈련을 통해 마을주민은 '마을시민'으로, 마을모임이나 동아리는 '마을기업'으로 진화해야 한다. 마을기업을 설립하고 마을공동체사업을 경영할 수 있을 만큼 농촌마을 주민들이 조직적으로 자조와 자치역량을 갖추어져야 한다. 대안마을로 가는 문을 여는 열쇠는 오직 '마을시민'과 '마을기업'에 달려있다.

이때 특히 마을주민 개개인의 개별 역량뿐 아니라 '마을기업'이라는 사업조직의 역량이 더 중요하다. 공동책임 사업조직인 마을기업을 중심으로 다양한 주민들이 서로 신뢰하고 협력하고 연대할 수 있도록 '마을기업' 내부에 인적 자본, 사회적 자본이 우선, 충분히 축적되어야 한다. 마을공동체사업이나 사회적경제 사업은 그 이후에 시작하는 게 일의 순서다.

요즘 농촌이나 도시 할 것 없이 마을공동체와 사회적 경제가 유행이지만, 행정이나 현장에서는 마을공동체 사업과 사회적 경제 사업이 따로 겉돌고 있는 모습이 눈에 자주 띈다. 사업현장에 주민의 모습은 잘 보이지 않고 공무원이나 직업적 활동가만 동분서주, 고군분투하고 있다. 마을을 기반으로, 마을사람을 중심으로 서로 연계하고 융합하면 사업의 명분도 더 강화되고 실질적인 시너지효과까지 거둘 수 있지 않을까.

마을형 사회적경제로 '사회적이고 경제적인 대안마을'을

마을공동체사업과 사회적경제가 유기적으로 융합되는 대안마을을 하자면, 우선 사회적 경제를 하는 목적을 일자리 창출이나 소득 제고 등의 근시안적 목표에 매몰되지 말아야 한다. 그보다 사회적 경제를 마을·지역공동체 재생과 활성화의 수단이나 방법론으로 채택하는 보다 합리적이고 근본적인 전략을 구사할 필요가 있다. 바로 '마을기업'을 마을공동체사업의 출발지점과 중심에 놓으면 된다.

즉, 마을·지역사회 공동체사업의 사전 준비, 그리고 입문단계에서부터 마을기업 등의 사회적경제조직에게 학교와 실습장의 역할을 부여하면 된다. 그래야 사업이 본격 추진되는 과정에서는 공동체사업의 관리·경영 책임 주체로서 '열쇠' 같은 사회적 책무를 감당할 수 있다. 결국 '마을기업' 등 사회적경제조직이 마을공동체[community]와 사회적경제[business]를 유기적, 물리 화학적으로 연계·융합하는 '고리'로서의 명분과 소임에만 충실해도 소기의 목적은 달성하는 셈이다.

특히 농촌지역은 커뮤니티 비즈니스community business 모델이 적합하다. 완주군은 '마을기업' 중심의 마을공동체 사업을 위해 2010년에 완주커뮤니티비즈니스센터(현 완주공동체지원센터)를 설립, 전국 최초로 커뮤니티비즈니스 분야 중간지원조직의 모델을 제시했다. 커뮤니티비즈니스[C.B.] 중심의 완주군 마을만들기 수행방식은 '마을회사' 등 커뮤니티비즈니스의 실행 주체들과 행정주체, 지역사회 단체들을 지원하는 특징을 띤다.

단양 한드미마을에는 '마을 월급쟁이'들이 많이 살고 있다. 십수 명의 청년, 귀농인들이 생활하고 있다. 농촌마을체험 사업을 비롯해 농촌유학센터, 지역아동센터, 마을공동식당 등을 운영하는 '한드미유통영농조합법인'에서 최소 2천만 원 이상의 연봉을 받으며 일하고 있다. 일과 삶이 하나 되는 공동체마을을 함께 일구고 있다. 마을의 남은 숙제는 마을양로원이다. 그동안 마을공동체사업에 동참하느라 고생한 마을 노인들을 위해 안정적으로 여생을 보낼 수 있도록 공동생활주택 '호스피탈리티움'을 추진하고 있다. 농촌유학센터에 유학 온 아이들, 영농조합법인에서 일하는 청년들과 더불어 모든 세대가 어울려 사는 생활공동체를 실현하려는 것이다.

홍성 홍동면에는 '위대한 평민'들이 협동사회경제네트워크를 이루고 산다. 농업 및 가공, 농촌관광, 교육, 문화, 공동체, 에너지 등 50여 개의 마을·지역공동체사업 관련 단체가 활동 중이다. 문당리, 운월리를 중심으로 귀농인을 포함한 마을주민들이 주도하는 이런 다양한 민간조직이 홍동면 지역공동체 활성화의 원동력으로 작용하고 있다. 이들이 자생적인 생활문화공동체 네트워크를 형성하면서 협동사회경제네트워크(생태계)의 모습으로 진화하고 있다. 특히 2011년 4월에는 순수 민간주도형 중간지원조직 '지역센터 마을활력소'도 자체적으로 설립했다. 최소한 홍동면 안에서 벌어지는 마을공동체사업은 홍동면 주민의 머리와 손으로 자주적으로 해결해보려는 평소의 각오와 소망을 실행한 것이다.

대안마을은 곧 '사람 사는 복지마을'이다

대안마을은 '사람 사는 농촌'을 뜻한다. 곧 마을단위의 마을복지시스템이 정상적으로 작동하는 마을이다. 오늘날 우리 농촌사회에는 복지의 공백지대, 사각지대가 마치 함정이나 지뢰밭처럼 도처에 산재해 있다. 마을만들기를 열심히 한다고, 법을 몇 군데 고치고 예산을 좀 늘린다고 해결될 문제가 아니다. 아예 기왕의 '돈 버는 농업'이라는 경제적 잣대와 '농촌지역개발'이라는 토건적 잣대는 걷어치우고 '사람 사는 농촌'이라는 사회복지의 시각으로 농정을 새로 바라볼 필요가 있다.

무엇보다 우리 농민의 주력인 소농, 영세농, 가족농은 고소득, 고부가가치의 농정구호가 여전히 어렵고 버겁다. 그 보다 보건, 의료, 주거, 고용, 교육 등의 사회복지망이 그들에게는 더욱 절실하다. 최근 복지전달체계를 '행정단위'에서 '마을단위'로 전환해야 한다는 주장과 연구도 이어진다. 전북연구원은 '전라북도 마을복지 전달체계 구축방안'을 연구하고 있다. "관주도 복지서비스에 의존하는 복지는 한계에 달했다"며 복지체감도 향상을 위해 마을단위로 전달하는 '전북형 마을복지 모델'을 제안한다.

'전북형 마을공동체복지 모델'은 행정 읍면동 단위의 복지전달체계를 마을단위로 세분화하면 복지시설을 이용하지 못하는 동네주민까지 복지에 쉽게 접근할 수 있다는 주장이다. 이때 복지제공 기관을 복지시설로 제한하지 않고 복지의 제공 방식을 다원화해야 한다고 강조한다. 마을의 병원, 보건소, 경로당, 반상회, 주민자치회 등으로 복지의 주체로 확대한다는 것이다. 그러면 공적재원이 미처 투입되지 못한 복지사각지대를 마을의 조직과 자원이 주체적으로, 내생적으로 보완할 수 있을 것이라는 기대다.

이 같은 '마을단위 복지' 제안은 마을단위에서 민간의 자발적 참여가 결합되는 주민참여형 공동체 복지가 대안이라는 진단의 결과다. 다만, 복지예산의 부족을 이유로 자칫 국가와 정부의 기본적인 책무마저 민간에

전가하는 식의 정책은 불필요한 오해를 살 수도 있다. 당연히 정부의 복지 예산의 확충과 집행 효율 제고부터 우선 노력하는 게 일의 순서다.

나아가 농민은 국가의 식량주권과 국민의 먹거리를 책임지는 국가기간산업 농업에 복무하고 있으니 마땅히 공익농민, 또는 사회적 농민이라 할 것이다. 국가와 정부가 나서서 농민을 '사회적 농민' 수준으로 대접하는 게 보다 근본적인 '사회복지 대책'이 될 것이다. 가령 농사만 지어서도 먹고 살 수 있도록 기본소득 생활비를 지급하거나, 농사를 지을 수 없는 농민 또는 농촌주민, 귀농인에게는 따로 먹고사는 생활기술을 가르치는 마을이 있다면 그 마을이 바로 대안마을이다. '사람 사는 복지마을'이다.

4.2

경제적 대안마을

먹고사는 불안과 공포가 없는 '마을경제'

그림 4-2 김해 봉하마을의 경제사업을 이끌고 있는 〈영농법인 봉하마을〉

통상 농가소득은 농업소득과 농외소득으로 크게 구성된다. 일부 억대농부나 대농, 기업농이 아니라면 농사일로만 먹고 살기 어려우니 농업소득 못지않게 농외소득을 어떻게 벌어들일지가 중요하다. 심지어 우리 농부들의 농가소득에서 농업소득은 1/3에도 못 미치는 수준으로 농업소득보다 농외소득이 더 큰 지경이다. 소득의 최소 50% 이상은 농사로 벌어야 농부로 인정되는 독일 기준으로 하자면 평균적인 한국의 농부들은 농업이 직업이 아닌 셈이다.

그래서 농사를 본업으로 삼고 농부들이 모여 살아가는 우리 농촌마을은 구조적으로, 숙명적으로 가난하다. 경제적으로, 사회적으로 매우 취약하고 불안정하다. 농부들이 농사만 지어서는 마을에서 먹고 살기도, 지역사회에서 생활을 즐기기도 어렵기 때문이다. 통계청에서 발표한 2016년 '농가 및 어가 경제조사'를 보면 실증적으로 확인된다. 2016년 우리 농가의 가구당 총소득은 37,197천 원이다. 도시근로자 가구(3인 가구 기준)당 평균소득 59,148천 원(월평균 가구소득 4,929천 원×12월)의 62.8% 수준에 불과하다.

그나마 농가소득 가운데 순수한 농업소득은 27.1%에 불과한 10,068천 원이다. 2015년보다 10.6% 줄었다. 농업총수입 31,279천 원에서 재료비, 노무비, 경비 등 농업경영비 21,211천 원을 뺀 차감한 수치다. 농업소득률은 32.2%밖에 안 되는 것이다. 그나마 처자식을 포함 평균 2.5명가량이 몸으로 때운 가족농의 자가노동력에 대한 인건비 보상은 감안하지도 않았다.

농민들이 농사만 지어 못 먹고사는 현실에서는 어쩔 수 없이 다른 일을 겸업해 생활비를 더 버는 수밖에 없다. 농산물 가공업, 서비스업, 그리고 일당 품을 파는 등 농업 외 소득이 더 늘어나는 이유다. 2016년에는 농가평균 15,252천 원으로 농가소득의 41%나 차지한다. 그렇다면 평균적인 우리 농민들의 본업은 이제 농업이라 할 수 없을 것이다. 엎친 데 덮친 격으로 이렇게 소득은 줄어드는데 지출은 거꾸로 늘어나고 있다. 2016년 농가의 가계지출은 평균 31,049천 원으로 전년보다 1.4% 증가했다. 벌어들이는 총소득에서 약 83%의 돈은 고스란히 빠져나간다.

마을에서 먹고사는 불안과 공포를 해결하려면

그래서 도시를 벗어나 귀의한 농촌마을에서도 문제는 여전히 '경제'다, '돈'이다, '먹고 살아야 하는 불안과 공포'다. 그 난제를 풀지 않으면 마을에서 농사를 짓든, 농사를 짓지 않든 잘 살아갈 수 없다. 사람의 도리를 다하고 사람답게 살 수 없다. 그래서 '먹고사는 불안'이 없는 경제마을이야말로 '사람 사는 대안마을'로 가는 외길이자 지상과제라 할 수 있다.

일단 전략부터 잘 세워야 한다. 농촌지역은 다양한 자원도 부족하고 인구도 감소하고 있기 때문에 산업도 없고 시장도 없다. 경제적 사업을 하기에 적절한 조건이나 환경이 아닌 것이다. 상주인구 감소와 지역경제 침체라는 농촌경제의 악순환 고리를 끊어내는 게 쉬운 일이 아니다. 주먹구구식으로 그저 열심히 한다고 먹고 살 수 있는 게 아니다. 열심히 하기보다는, 우선 잘해야 한다. 그러자면 정교한 '마을기업 중심 마을공동체' 사업계획서, 또는 합리적인 '경제마을 건설' 마스터플랜이 필요하다.

우선 그나마 지역에서 생산된 부가가치는 지속적으로, 일방적으로 역외로 유출된다. 결과적으로 수도권 등 대도시 중심으로 상품 및 서비스가 제조, 가공, 유통되는 구조가 고착되어 있다. 이 같은 광역유통체계에서는 '경제마을' 정도의 역량과 규모로 끼어들 빈틈이 보이지 않는다. 그 구조적 한계를 극복하기 위한 보완유통 체계부터 정립해야 한다. 지역의 농민들이 안전하고 품질 좋은 지역먹거리[Local Food]를 생산하는 게 급선무다. 이를 통해 단지 '먹고사는 문제'를 해결하려는 현안을 뛰어넘어, 지역의 고용 창출 효과, 지역순환경제의 네트워킹을 통해 지역경제를 활성화하고 지역사회공동체를 재생하려는 전망과 비전도 공유해야 함은 물론이다.

가령 '1차 친환경농산물 생산'에서 '2차 전통농식품 가공'으로, 그리고 '3차 도농교류 체험관광 및 도농직거래 유통'으로 이어지며, 농업과 농촌의 부가가치를 복합적, 연쇄적으로 상승시키는 '6차 농산업화 가치사슬[Value Chain]'을 구축할 필요가 있다.

이 같은 '경제마을 추진전략' 또는 사업계획을 실천하기 위해서는 역시 '사람과 조직'이 필요하다. 기존의 마을경영위원회 또는 마을공동사업 협의체(농장, 작목반, 협동조합, 영농조합법인 등)를 기반으로, 마을기업(커뮤니티 비즈니스, 농촌형 사회적기업, 농촌공동체회사, 협동조합 등) 중심의 마을공동체사업을 이해하고 조직화해야 한다. 이에 대한 인식 제고와 사업역량 강화를 위해서는 지속적이고 체계적인 학습 및 훈련 말고 특별한 비책은 없다.

이를 위해 일단 사업 및 업무 추진단계별 로드맵을 설정, '학습→조사→마을 생산자조직구축→지역 및 도시 소비자 조직 구축→홍보체계 및 장터(마을시장) 시범운영' 등을 통한 지역식량(먹거리) 생산 및 수급체계에 적극적으로 참여하고 연계 유통시스템을 구축해야 한다. 특히 마을경영위원회, 마을공동사업 협의체 등은 자생적이고 자발적인 학습동아리 조직 등을 활용해 주민역량 제고, 지역식량 수급조사, 생산자조직 구축, 소비자조직 구축, 홍보체계 구축 및 마을(농민)장터 시범운영, 지역식량체계 구축 및 상설 장터(가게/시장) 및 유통시스템 구축, 학교(공공)급식 연계 업무를 주도적으로 책임져야 한다.

이때, 주먹구구식이 아닌 과학적인 마케팅 전략이 중요하다. 4P 전략을 수립해야 한다. 제품[Product] 전략에서 '제품'이란 시장에서 거래되는 모든 대상으로 유형의 재화와 무형의 서비스로, 가령 마을펜션 등 농촌숙박업은 객실을 파는 기본매출 외에 농산물 판매, 체험프로그램 판매 등 부대매출도 가능하다. 가격[Price] 전략은 적정 매출과 수익을 보장하는 합리적 가격을 위해서는 동종 타사업장의 가격동향을 파악, 인근 사업장에 비해 상품, 시설 등이 우월하나 수지타산도 맞지 않는다면 가격인상을 선도하는 역할도 가능하다. 유통[Place] 전략은 내방객 등 고객들이 어떤 경로(오프라인 및 온라인)를 통해 사업장에 접근, 출입하는지, 상품, 비품 등은 어떤 유통흐름과 과정을 거치는지를 파악하는 게 급선무다.

판매촉진[Promotion] 전략은 사업자가 직접 판매촉진을 하는 인적 판촉과 광고로 대별되는데 원격지에 위치한 농촌사업자의 특성상 인적 판매, 대면광고보다는 인터넷, 지역신문·방송 등 적합할 것이다.

공동으로 협동 · 연대할 때, 공동으로 소득도 공유할 수

그래서 우리 농민들은 농가소득 구조를 정상화, 안정화시킬 수 있는 다양한 소득사업을 절실하게 요구하고 있다. 독일의 농부들도 '농사 한 다리로만 서면 넘어지니 두 다리 이상으로 버티고 설 수 있도록 겸업농부'를 해야 한다고 자각하고 실천하고 있다. 농림부에서도 지난 십수 년 동안 일반농산어촌개발사업 등을 통해 이른바 '소득기반사업'을 다각적·종합적·지속적으로 지원하고 있다. 주로 '지역자원 및 특산물을 활용한 지역 소득 증대를 위한 기반시설 등'이 주요 지원대상 소득사업이다.

세부사업으로는 도농교류 활성화를 위한 농어촌체험시설, 폐교임대활용, 생태학습장, 문화체험관 등이 해당된다. 또 지역의 농·특산물 부가

가치 증대를 위한 공동 농특산물판매장, 공동 소규모가공시설, 공동 저온저장고시설, 공동 농산물선별장 등도 적게는 수천만 원에서 많게는 수십억 원 까지 지원받을 수 있다. 지원조건은 그리 까다롭지 않다. 행정리(동)를 단위로 10가구 이상이 모여 공동사업을 영위할 법인을 조직하면 된다. 그리고 이때 주민소득을 위한 소득기반시설에 소요되는 사업비 총액의 20%는 수익자(주민)가 부담하는 원칙을 지키면 된다. 나머지 80%는 갚지 않아도 되는 보조금이라는 말이다. 물론 토지구입비, 건물 임차비 등은 수익자(주민)가 부담해야 한다.

자부담, 토지구입비 등의 부담이 있음에도 농민들은 소득증대사업을 우선적으로 선호한다. 그만큼 소득증대가 숙원과제이기 때문이다. 농사만 열심히 지어서 먹고 살기 어렵기 때문이다. 그런데 아무나, 누구나 소득사업을 지원받을 수는 없다. 자부담금 부담도 그렇지만 사업지침을 준수하는 게 간단하지 않다.

소득사업의 사업주체를 사전에 명시하는 것도 소홀히 할 일이 아니다. 현행 추진위원회, 운영위원회, 마을협의회 등 법인격 자체가 결여된 사업주체로는 추후 문제가 발생했을 때 법적인 책임을 지고 싶어도 질 수 없는 자기모순과 구조악에 빠지게 된다. 사업주체의 의도된 도덕적 해이도 방지할 수 없고 처벌할 수도 없다. 사전에 마을의 일정 가구(예: 2분의 1) 이상이 참여하는 마을기업 같은 법인을 구성할 수 있는 마을공동체에게만 지원자격을 주는 진입장벽이 필요하다. 그 정도 법인조차 구성할 수 없는 마을이라면 어떠한 지원을 받을 자격도, 역량도 안 되는 것이다. 실패할 게 불을 보듯 뻔하기 때문이다.

정부 지원 사업비는 물론 '사업시설과 기회'부터 공유하는 게 옳다. 완주군은 다양한 품종의 지역농산물 제철 가공이 가능하도록 교육실습실, 반찬가공실, 습식가공실, 건식가공실, 냉장보관실 등의 시설을 갖춘 거점가공센터를 운영하고 있다. 아울러 거점가공센터에서는 농식품 가공 창업 아카데미 교육도 시행된다. 약 4개월의 과정으로 반찬가공반, 습식가공반, 건식가공반, 소이푸드가공반 등 4개 과정으로 운영된다. 1차 단순 생산을 넘어 2차 농식품 가공을 통한 농촌창업을 촉발시킬 수 있을 것으로 기대된다. 거점가공센터를 활용하면 농민들이 개별적으로 따로 농식품 가공사업 허가를 받거나, 시설 설치비 등 사업비를 따로 투자할 필요가 없기 때문이다.

충남도도 '농산물 공동 가공센터 구축사업'을 지원하고 있다. 2015년에는 총 50억 원의 사업비를 마련, 자부담 20% 조건으로 2개소를 선정, 농산물 공동가공센터 구축·운영, 창업보육지원 사업, 연계시설인 체험장 및 판매장 등 운영을 지원하고 있다. 지원 대상자는 생산자 단체가 포함된 사업단으로 법인 또는 협동조합과 5개 이상의 작목반, 그리고 농업인 150명이 참여해야 한다. 농림부는 6차산업화 지원책의 일환으로 농민들이 농식품 가공 등에 활용할 수 있도록 '시설 디렉터리 구축사업'을 진행하고 있다. 그동안 농림부 등 중앙정부와 지자체가 다양한 재정지원 사업을 통해 설치한 제조·가공 시설의 가동률이 높지 않은 고민을 해소해 보려는 처방이다.

이 같은 농식품 가공시설 외에 농산물의 규격화·상품화에 필요한 집하장·선별장·포장장을 갖춘 농산물 산지유통센터(APC, Agriculture

Products Processing Center) 등 유통, 체험, 교육 등의 사업분야에서 기존에 농촌지역에 산재한 다종다양한 유휴시설을 재활용한다면 제한된 농정 예산 집행의 효율성도 높일 수 있다. 아예 '(가칭)농촌지역 유휴시설 지역공유 사회적경제 자산은행'을 설립해 창업 및 사업에 준비하는 농민들에게 임대, 매각, 출자 등을 통해 활용할 수 있도록 관련 법률과 제도를 마련할 필요가 있다.

'경제마을'에서 생태공동체적으로 살아가기

'먹고 살만 한 경제마을'을 추구한다고 생태적 가치를 놓치면 안 된다. 그렇게 되면 대안마을이기는커녕 '소득목표 일변도의 돈 버는 농업'이라는 환상을 추종하는 기존의 여타 관행마을과 다를 게 없어진다. 이를테면, 대안교육, 생태환경 체험프로그램 등 인간의 감수성이 향상되고 삶의 터전에서 창조적 생산과 소비가 가능한 '생태적 경제마을'은 얼마든지 가능하다. 농업, 농촌, 자연, 환경, 역사, 문화 등을 테마로 체험장 등 기본 인프라 조성을 통해 마을과 지역주민 등 내부 구성원은 물론, 체험내방객 등 외부와의 유대감 강화, 공동체성 형성을 위한 기회를 제공하는 사업을 통해 가치와 소득이라는 두 마리 토끼를 다 잡을 수 있다.

그러자면 철저한 사업계획과 준비가 필요하다. 일상적 공간을 활용해 다목적의 다양한 교육 프로그램도 개발하면서 전문화, 체계화된 종합적 체험교육 프로그램도 병행해야 한다. 가령 바이오가스, 태양광, 지열 등 신·재생에너지를 일상생활 속에서 활용하면서 외부에 판매, 서비스할 수도 있다. 아울러 농촌체험, 농사(업)체험, 공동체생활 체험 등 '농촌체험캠프', 산골체험, 하천체험, 경관답사 체험, 환경체험 등 '자연체험캠프'는 특별한 투자나 기술이 없어도 마을주민들끼리 어렵지 않게 운영할 수 있다. 이때 마을 간, 지역 간, 활동주체 간, 구성원 간의 다양한 네트워크를 구축하고 마을주민, 마을방문객 등 이용자가 편안하게 체류와 휴양을 취할 수 있도록 대상별, 연령별, 계절별, 기호별로 다양한 프로그램을 구성하면 된다. 특히 소득창출을 위해서는 외부 내방객들의 현재적 욕구와 잠재적 가능성을 고려한 맞춤형 프로그램을 개발할 필요가 있다.

이렇게 생태적이고 공동체적인 가치를 놓치지 않으면서 '경제적 대안마을'을 추구하는 선도적 사례가 충북 보은 마로면 기대리에 실재한다. 생태공동체마을을 표방하는 선애빌은 환경, 에너지, 인간성 회복 문제를 극복하려는 데 뜻을 같이하는 귀농인들이 모여 만든 생태마을이다. '2번째 삶[Second Life]'을 살아보려는 약사, 교사, 만화가, 법무사, 명상가, 목수, 의사, 환경운동가 등 2010년부터 마을을 새로 만들어 모여 산다. 명상을 공통화두로 모인 일종의 동호인마을이라 할 수 있다. 특히 환경, 에너지 문제의 심각성을 잘 아는 특별한 주민들이 모였으니 '전기 없는 생활'을 실천하려 애쓴다. 일상생활에서는 전기를 쓰되 최소한의 양만 사용한다. 세탁기는 3가구당 1대, 난방은 화목보일러다. 텔레비전과 냉장고는 아예 없다. 식사는 마을공동식당에서 모두 모여 함께 한다.

선애빌과 같은 생태마을[ecovillage]은 마을의 공간, 생산방식, 생활양식 등이 환경친화적이며 지속적으로 이루어질 수 있도록 계획된 마을을 뜻한다. 오늘날 자본 중심 현대산업사회의 거대한 기능과 복잡다단한 특수성을 인간적 규모에 맞게 재구조화한 공간이라 할 수 있다. 마을을 하나의 소우주화된 사회로 간주하는 것이다. 따라서 생태마을의 공간구조와 생태계, 마을의 건물과 시설은 친환경적으로 만들어졌다. 마을주민들의 생산방식이나 생활양식까지도 친환경적으로 이루어진다. 다만 성공적 생태마을 또는 생태공동체를 건설하기 위해서는 우선 명확한 비전과 목표부터 세워야 한다. 공동체에 대한 막연한 환상이나 기대심리를 가지고 온 사람들에 의해 공동체가 깨질 우려가 있다. 무엇보다 생태적이고 지속가능한 경제구조를 갖추어야 한다. 많은 생태마을, 공동체가 어렵게 생각하는 과제다. 농업을 기본으로 하되 다양하고 안정된 소득원을 창출해야 한다. 창의적인 공동체 기반의 소규모 사회적 경제 방식이 적합할 것이다.

4.3

사회적 대안마을

교육, 문화, 복지 없는 마을은 '사막'

그림 4-3 농민들이 세우고 꾸리는 곡성 죽곡면 '죽곡농민 열린도서관'

마을은 과연 우리 사회의 대안, 자본주의의 구조악에 매달려 휘둘리는 고단한 도시생활의 숨통이나 출구가 될 수 있나. 마을을 그러한 대안사회의 경지로 이끌 수 있으려면 '사회적 대안마을'을 지향해야 한다. 그 마을은 일단 '교육마을'이다. 또는 '마을교육공동체'이다. 교육을, 학교를 먼저, 제대로 고치거나 세우지 않고 꾸려가는 마을공동체는 진실하지 않다. 자칫 허구에 가깝다. 당장은 실재하지만 곧 지속이 불가능하거나, 존재하지만 사실상 무의미하다. 마을주민들이, 공동체구성원들이 더불어 끊임없이 공부하고 훈련하고 자각하고 반성하지 않고서 어떻게 협동과 연대의 '사회적 인간'으로, '깨어있는 마을시민'으로 살아갈 수 있겠는가.

여기서 '교육마을'이란 1차 마을주민, 2차 지역주민과 같은 마을공동체 구성원은 물론 3차 도시민 등 외부 체험방문객, 후원인을 아우르는 다양성과 호혜성을 바탕으로 한다. 제도권에서 이루어지는 정규교육 이외에 평생교육, 대안교육, 생태교육 차원에서 인간의 감수성이 향상되고 삶의 터전에서 창조적 생산과 윤리적 소비가 가능하도록 가르침과 배움이 일상화된 곳이다.

실행전략은 마을주민, 인근 지역사회의 주민 등을 대상으로 마을공동체사업을 책임지고 이끌 수 있는 마을지도자, 실무전문가 등을 발굴하고 양성하기 위한 '마을학교'를 개설하고 운영하는 게 상책이다. 교육시설은 기존 마을회관, 평생학습마을 교육장, 마을도서관, 커뮤니티센터 등 기반시설을 활용하면 된다. 가장 중요한 교육사업의 실무운영진 및 강사진은 마을주민이 주도적으로 참여해야 할 것이다. 지역사회, 출향인, 예비귀농인 등 외부 강사네트워크를 구축도 병행할 필요가 있다.

'교육마을'에서 구체적 교육프로그램으로는, 마을 및 지역 주민 스스로를 위한 '마을시민학교', 자녀, 지역 청소년들을 위한 '청소년학교'를 기본적으로 운영한다. 춤, 노래, 공방, 그림, 명상, 문학 등 교과 외 특활프로그램을 위한 '마을학원'도 다채롭게 운영할 수 있다. 명상에 잠기는 마음

공간, 문학과 철학 등 마을인문학을 나누는 생각공간 등 '마음학원', 춤을 추는 몸짓공간, 노래를 부르고 음악을 듣는 소리공간, 흙으로 나무로 쇠로 무언가를 만드는 손짓공간 등 '몸학원' 등이면 얼마든지 풍요롭고 따뜻하고 격조있고 창조적인 '마을학원'을 마을주민 스스로 꾸릴 수 있다.

마을교육공동체에서는 마을이 학교, 시민이 교사

이처럼 교육마을 또는 '마을교육공동체'는 교육을 중심으로 학교, 마을, 자치단체가 역할을 분담하여 공동의 가치를 실현하는 것을 사회적 목표로 삼고 있다. 한 명의 아이를 기르기 위해서는 마을이 '온통' 학교가 되고 주민이 '모두' 교사가 되는 새로운 교육패러다임을 개발하고 있다. 협력과 나눔의 공동체 문화를 배우고 건강한 민주시민으로 성장하기 위해서 마을교육공동체가 필요하다는 것이다.

지역적 관점으로도 학교의 역할은 확장되어야 한다. 교육은 학교 안에만, 교실이나 교과서 안에서만 갇혀서는 안 된다. 특히 교육 환경과 여건이 취약한 농어촌지역은 마을과 지역사회가 함께 하는 교육공동체로 전환하는 과제가 시급하다. 농업의 비중은 축소되고 있지만 삶(생활)의 공간으로서 농어촌의 비중과 중요성은 점증하고 있기 때문이다. 마을 재생과 활성화의 관점에서도 정주여건 조성 차원에서의 농어촌지역의 교육적 인프라를 보완하고 보강할 필요가 있다. 따라서 농어촌교육을 '농어촌학교에서만 이루어지는 학생교육'에서 벗어나 '학교가 지역주민을 위한, 또는 지역주민이 주체가 된 교육과 학습의 장'으로 발전할 필요가 있다.

이처럼 지역사회의 교육·문화센터로서 농어촌학교의 새로운 위상과 모델을 구현함으로써 지역사회의 교육적 기능을 재생할 수 있다. 그런데 현재 국가수준에서 만들어진 농어촌형 교육과정은 존재하지 않는다. 실제로 농어촌학교에서 이루어지는 교육과정이나 교육 활동 프로그램은 농어촌 지역의 환경과 특성에 맞게 운영되지 않는다. 그보다는 도시 학교의 단선적 교육과정이나 프로그램을 그대로 모방, 답습해 나가는 상황인 게 현실이다.

마을·지역공동체 재생과 활성화를 위해 학교는 지역의 협동이 강조되는 이른바 '지역사회학교'로 자리매김할 필요가 있다. 학생과 교사가 지역 활동에 참여함으로써 사회발전에 공헌하고 학교에 의해 지역사회의 교육기관·교육활동을 조정하고 지원할 수 있다. 무엇보다 지역사회학교에서는 지역사회의 문제를 주민 공동의 힘으로 발견하고 해결할 수 있도록 지원할 수 있게 되며, 농어촌 학교가 직면하고 있는 교육적 문제 역시 지역 주민과 함께 풀어가야 할 공동의 과제라는 인식을 공유해야 한다.

또 학교는 지역주민들에게 평생교육을 제공할 수 있어야 한다. 학교는 농어촌 주민들의 삶의 질을 높여주기 위한 평생교육 프로그램을 제공하는 공간이다. 교양·취미교육, 정보화교육, 문해文解교육, 생활체육 등 지역 주민들의 평생교육 수요를 반영한 프로그램을 운영할 수 있다. 다목적 강당, 정보실,도서관 등 학교 시설을 기반으로 이른바 '지역사회교육센터[community education center]'로 설립·운영함으로써 학생과 주민들의 교육 및 교류 공간으로 개방하고 활용할 수 있다.

문화가 없는 마을과 사회는 '사막'처럼

문화가 없는 마을과 사회는 '사막'이나 다름없다. 사막 같은 마을에는 아무리 씨를 뿌리고 물을 주어도 싹이 날 수 없다. 마을을 살리겠다고 아무리 애를 써봐야 말짱 헛일이다. 아무런 희망과 전망도 찾아내기 어렵다. 아무리 정부의 돈과 주민들의 시간과 땀을 투자한다 해도 재생이나 복원은 애초 어렵다. 현재를 위한 생활의 보장도, 미래를 위한 생명의 보전도 모두 불가능하다. 차라리 마을을 포기하고 떠나는 게 현명하다. 그래서 지난 수십 년 동안 마을공동체를 떠나 도시 난민촌이라는 막장으로 향하는 이농, 폐농의 행렬을 멈출 수 없는 것 아니겠는가.

그래서 그런지, 지난 십수 년 동안 수많은 마을공동체사업이 부질없는 도로로 끝나고 말았다. 을씨년스럽게 토목사업의 부산물인 유휴시설만 덩그러니 남은 마을이 적지 않다. 남은 사람들은 병들고 늙은 노인뿐이라서 어쩔 도리가 없는 마을사람들도 지쳐 나자빠지고, 마을공동체도 갈등과 반목을 되풀이하다 깨지고 망가졌다. 아마도 마을, 공동체 등을 주제로 하는 문화에 대한 인식과 준비 없이 마을공동체사업을 시작해서 그런 것 아니겠는가. 지금 우리 마을들이 겪는 곤란과 어려움의 근원은 다 그런 문화적인 결함과 한계에서 비롯되었다고 진단하고 분석한다.

그렇다고 마을의 문화라는 게 결코 특별할 필요가 없는 것이다. 마을의 문화는 그렇게 장엄하고 거룩한 그 무엇이 아니다. 억지로 문화재와 명소를 찾아 헤매거나 몸에 맞지도 않는 브랜드, 스토리텔링으로 포장하자는 이야기가 아니다. 그래서도 안 된다. 그저 마을주민들의 일상생활 곳곳에, 시시때때로 문화가 저절로 스며들어 있어야 한다. 문화의 냄새가 마치 밥 짓는 냄새처럼 자연스레, 대수롭지 않게 마을 곳곳에, 집집이 배어있어야 한다.

'문화적인 마을'이려면, 내부인인 마을주민의 공동생활 공간도 필요하고, 외부인인 체험방문객의 편의시설도 중요하다. 또 마을주민들에게는 교육, 문화, 예술 프로그램 등 자체 학습 및 유대강화 공간도 필요하다. 농촌지역개발사업으로 마을 곳곳에 흔히 들어서고 있는 이른바 교육장이나 체험관은 외부인에게 보여주기 위한 공간만은 아닌 것이다. 물론 마을 주민과 외부인이 서로 교류하는 거점이며 지역사회, 타 지역의 공동체네트워크와도 소통할 수 있는 통로로서도 요긴하게 활용될 수 있는 다목적 복합 생활문화공간의 개념과 위상이면 최적일 것이다.

따라서 '문화적이기 때문에 비로소 사회적인 대안마을'의 목표는, "문화적 인프라 및 커뮤니티 구축을 통해 문화적이고 예술적인, 육체적이고 정신적인 다양한 자원과 요소를 활용해 마을주민, 지역주민들의 유대감 형성 및 공동체성 강화"에 방점을 두어야 한다. 그러자면 구체적으로, 마을카페, 마을펜션, 마을식당, 마을박물관, 마을공연장 등 마을공동생활과 마을공동사업을 위한 다목적 시설물이 조성되어야 한다. 대개 자체조성 기금으로 부족할 테니 정부지원 보조금을 결합하고, 프로그램 운영 등 기본적인 운영비도 지자체의 예산 지원을 적극적으로 모색해야 한다. 이때 기왕의 마을학교 및 마을학원 공간 및 시설을 얼마든지 공유할 수 있을 것이다. 특히 '마을박물관'은 마을과 지역의 역사, 문화, 예술, 인간 등 유무형의 유물과 유산을 전시하되, 실용적이고 문화적이고 생태적인 설계를 통해 최적의 활용 동선을 확보하는 것에 유념해야 한다.

무엇보다 마을에서 문화란 곧 삶 자체이고 일 자체다. 문화적인 요소를 빼놓고 마을을 정의하거나 규정할 수 없다. 문화가 없는 마을은 무미건조하다. 생활이 무의미하다. 삶과 일과 놀이가 완전무결하게 합체되는 문화적 영역과 예술적 공간이 곧 마을인 것이다. 사람은 '밥이나 빵'만으로 잘 살 수 없다. 사람이 살기 좋은 마을이란 문화적인 마을과 다름 없다. 마을공동체라는 생활공간은 다채롭고 풍성한 문화의 에너지와 종자로 채워져야 마땅하다.

더욱이 마을 밖으로 나가 다른 마을 주민들과 지역사회의 광장에서 어울리자면 문화 말고 더 좋은 연결고리가 없다. 문화의 연결고리 없이 지역사회의 공동체는 유지되거나 지속가능할 수 없다. 가령 교육, 농업, 생태, 문화 전문도서관으로서 마을도서관이 그렇다. 마을과 지역의 역사, 문화, 예술, 인간 유물을 전시하는 마을박물관이 그렇다.

또 영화, 음악, 미술, 문학 학교, 그리고 공연과 전시를 아우르는 종합 문화예술관 위상의 마을극장이 그렇다. 온라인과 오프라인을 오가며 마을사, 마을소식지 등을 짓고 펴내고 알리는 마을출판사와 마을신문사 등도 물론이다. 모두 문화예술을 바탕으로 건강하고 활력있는 지역사회 공동체를 이루는 보석 같은 마을공동체 자산들이다. 이렇게 상설화, 전문화, 체계화된 복합적 전시 프로그램을 제공함으로써 지역간, 활동주체간, 구성원간, 국내외간 의 다양한 네트워크도 연결할 수 있어야 한다.

사회와 마을이 함께 챙기는 '생활복지마을'이라야

'사회적 대안마을'로 가고 싶다면 기왕의 기술적이고 행정적인 '토건적 마을만들기'라는 관행적 방법론에서 벗어나야 한다. 그 지점에서부터 새로, 다시 시작해야 한다. 사회적이고, 문화적이고, 인문적인 방법론들을 융·복합적으로 결합한 '사회생태적 마을살리기, 또는 '마을 살이'라는 '생활공동체'의 사업철학, 실천방법론으로 전환해야 한다.

가령, 춘천 사북면 고탄리, 송암리 등 산골마을에서는 마을복지를 마을에서 스스로 준비하고 있다. 이름하여 '산골마을 119' 사업이라는 농촌 노인 대상 사회적 서비스를 스스로 감당하고 있다. 농촌마을 노인들에게 긴급 상황 발생 시 신속한 조치와 지속적인 방문 돌봄을 강화하려는 것이다. 사북면사무소, 춘천솔다원권역, 춘천산골마을협동조합, 춘천별빛산골교육센터 등 지역 4개 기관이 힘을 모아 이른바 '마을단위 복지망'을 구축한 것이다.

전북연구원의 '전라북도 마을복지 전달체계 구축방안' 연구보고서를 보면, "관 주도의 복지서비스에 의존하는 복지는 한계에 달했다"며 복지체감도 향상을 위해 마을단위로 전달하는 '마을복지 모델'을 제안한다. 즉 실생활이 이루어지고 있는 마을단위에서 복지실현과 관련된 인적, 사회적, 경제적 자원을 재분배하여 수요에 바로 대응할 수 있다는 장점이 있다는 것이다. 그래서 이른바 전북형 마을공동체복지 모델을 실현하기 위해 행정 읍면동 단위의 복지전달체계를 마을단위로 세분화하면 복지시설을 이용하지 못하는 동네주민까지 복지에 쉽게 접근할 수 있다는 주장이다.

이때 복지제공 기관을 복지시설로 제한하지 않고 복지의 제공 방식을 다원화해야 한다고 강조한다. 마을의 병원, 보건소, 경로당, 반상회, 주민자치회 등을 복지의 주체로 확대한다는 것이다. 그러면 공적재원이 미처 투입되지 못하는 복지사각지대를 마을의 조직과 자원이 주체적으로, 내생적으로 보완할 수 있을 것이라는 기대다. 아울러 공적재원의 한계를 극복하기 위해 민간 차원의 자발적 마을복지 네트워크를 구축해야 한다. 가령 나눔마을기업, 마을복지기금 등을 조성하고 이를 통합적으로 관리하는 '마을복지센터'를 설치하려는 것이다. 결국 마을 자치적인 복지재원 마련, 복지인력관리, 마을복지서비스 제공이라는 복지선순환체계를 구축하는 게 중요하다는 제안이다. 시군별로도 마을복지 지원조직을 설치한다. 그래야 복지기관별로 흩어진 다양한 복지서비스를 통합·조정해 복지의 중복과 누수를 예방된다.

이 같은 '마을단위 복지'가 노리는 효과는 자명하다. 기존의 복지시설과 행정기구 중심 정책으로는 오늘날의 심각한 양극화와 고령화에 대처할 수 없다는 위기의식의 발로다. 한정된 예산으로 공평하고 공정한 유럽식 복지모델은 불가능하다는 현실인식이다. 마을단위에서 민간의 자발적 참여가 결합되는 주민참여형 공동체 복지가 대안이라는 진단이다. 다만, 복지예산의 부족을 이유로 자칫 국가와 정부의 기본적인 책무마저 민간에 전가하는 식의 정책은 불필요한 오해를 살 수도 있다. 당연히 정부의 복지 예산의 확충과 집행 효율 제고부터 우선 노력하는 게 일의 순서다.

4.4

사회적 마을의 플랫폼

농업도, 농촌도, 마을도, 사회도 국가가 책임을

그림 4-4 유휴시설을 재생하여 카페, 레지던시, 극장 등으로 사용하는 제주도 서광동리의 〈느영나영 감귤창고〉 커뮤니티비즈니스 마을카페

농업은 국가기간산업이다. 마땅히 국가에서 농업의 수지타산과 농민의 생활을 책임져야 한다. 농촌도 마찬가지다. 따라서 농촌지역개발사업의 성패는 국가가, 공공이 책임져야 한다. 사사로운 용역업자가, 농촌을 난개발하는 토건업자가, 역량도 진정성도 부족한, 설사 책임을 지고 싶어도 책임을 질 수 없는 컨설팅 장사꾼들이 끼어들 판이 아니다. 그래서

농촌마을공동체사업을 연구하고 컨설팅하고 교육하고 마케팅하는 일은 공공의 위상과 책임감을 갖춘 민간자치 중간지원조직이 책임지는 게 상책일 것이다.

으레 마을공동체사업을 책임지는 3대 사업주체로 행정, 주민, 전문가를 거론한다. 현실적으로 그중 가장 중요한 역할은 전문가 책임이라 해도 과언이 아니다. 행정과 주민이 미처 풀지 못하는 문제를 '돈(용역비)'을 받고 대신 해결해줘야 하는 법적, 사회적 책무를 맡고 있기 때문이다. 행정과 주민은 그 일로 따로 특별수당이나 거마비를 받지 않는다. 하지만 오늘날 마을공동체 사업이 벌어지는 전국의 마을과 지역마다 전문가에 대한 평가는 만족스럽지 않다. 행정과 주민의 기대에 미치지 못하는 경우가 다반사다. 윤리의시과 직업의식이 있다면 스스로조차 만족할 리 없다. 현장마다 전문가로서의 자조와 자괴감이 난무하는 이유다.

심지어 전문가들이 활동하는 관련 컨설팅 용역시장의 공정거래 질서마저 교란되고 왜곡된 지 오래다. 마을 또는 권역마다 수십억 원의 사업비가 투여되면서 용역시장이 커지자 오직 '사업비'를 좇는 상법상의 영리사기업들이 우후죽순처럼 난립, 입찰판을 주도하는 형국이다. 심지어 업체 선정과정에서 일을 잘 하는 업체보다 행정과 유착된 입찰기술이 뛰어날 뿐인 비적격 업체가 낙찰을 받는 경우도 흔하다.

사태와 문제의 심각성을 뒤늦게 인지한 주무부처인 농식품부도 "지자체에 마을만들기를 담당하는 전담조직을 설치하거나 민간전문가를 전문위원으로 위촉하고, 주민과 행정의 사이에서 전문적인 지원 및 소통 업무를 담당하는 중간지원조직체계 구축"해 전문가 시장의 '시장실패' 원인을 해소하기 위한 관련 법 제정을 추진하고, 3만 6천여 행정리의 행정을 통할하는 행정안전부도 이른바 농촌형 마을만들기 사업의 파행과 난맥상을 근본적으로 해소, 치유하기 위한 목적의 지역공동체법안을 준비할 정도다.

근본적인 해법은 역시 사람이다. 바로 '전문가의 공익요원화'에 있다. 국가기간산업인 농업도 그렇지만 농촌도 사설 시장의 사사로운 메커니즘에 맡겨서는 안 된다. 민간컨설팅기관의 구조적 폐해를 근절하기 위해서는 각 지자체의 중간지원조직이 해당지역의 관련 사업을 총괄 전담해 수행할 필요가 있다. 사사로운 상업성보다는 공익성과 공공성을 앞세운 '지역별 중간지원조직'이 컨설팅, 연구, 교육, 인증 등 전문가로서 사회적 책무를 전담할 수 있도록 진입장벽을 칠 필요가 있는 것이다. 이때, 최선의 전문가들이 그곳에서 민생고와 잡념 없이 마을공동체 지원에 헌신할 수 있도록 충분한 처우를 보장해주어야 함은 물론이다. 그 정도는 되어야 '사회적 마을이 딛고 설 수 있는, 또 비빌 언덕으로 기댈 수 있는 플랫폼'으로 기능할 수 있을 것이다.

EU처럼 민관 협치를 넘어 '민간 플랫폼'까지

구체적으로, 중간지원조직이라면 민간협력 거버넌스 형태이되 공공기관의 위상과 역할에 충실할 수 있어야 한다. 마땅히 중간지원조직을 움직이는 인력, 전문가들은 그에 걸맞은 전문가로서의 경험과 역량과 권한, 그리고 직업의식과 품성을 갖추어야 한다. 그래야 사회적 농업, 마을만들기, 귀농, 사회적 경제 등 마을·지역사회공동체 재생 및 활성화 관련

지원사업의 과정과 결과에 대해 온전히 책임질 수 있다. 그러자면 우선 지역 특유의 현장감, 전문성, 공인의식으로 무장한 지역현장 전문인력부터 확보해야 한다. 급여, 직업전망, 노동환경 등 정부와 지자체의 충분한 예산지원이 최우선 선결과제인 이유다. 물론 중장기적으로는 정부와 지자체의 보조금에 의존하는 수동적 조직운영구조를 탈피, 자립·자생구조를 확보할 수 있어야 한다.

선진국 유럽을 가보니 이미 그렇게 하고 있었다. 유럽 농촌공동체 연수를 통해 직접 목격한 오스트리아의 슈바츠군 농업회의소는 이상적 중간지원조직의 표본이다. 티롤주의 9개 시군 단위 농업회의소 가운데 하나로 농민들이 전적으로 자치한다. 6년 임기의 회장은 정규 공무원이 아니라 농민들 손으로 직접 선출한 선출직이라는 특징을 가진다. 오직 농민만 출마할 수 있다. 농민 기술 지도 및 교육, 농업정책 지원 및 각종 인증 등 한국의 농업기술센터가 하는 역할을 대신한다. 오히려 행정이 관할하고 통제하는 하부기관이 아니라 행정보다 오히려 상위의 기관으로 대접받으며 상응하는 권한을 행사한다. 사실상 농정과 농업기술센터를 합친 지역 농정당국의 역할을 하는 셈이다.

정년이 보장되는 준공무원 신분인 직원들은 명실공히 농업 각 분야의 전문가들로 구성된다. 농업회의소의 인건비, 운영비 등 예산은 전액 정부에서 예산으로 지원한다. 그러나 지원은 하되 간섭하거나 통제하지 않는 이른바 '팔길이 원칙[arm's length principle]'을 지킨다. 민관 협치나 중간지원조직은 먼저 관(행정)이 목과 어깨의 힘부터 빼지 않으면 성공할 수 없다는 사실을 실증하고 있다.

한국에서는 전북도, 충남도가 마을만들기, 사회적 경제, 도시재생 등 이른바 마을·지역사회 공동체사업이 활발한 편이다. 특히 행정과 주민의 중간에서 사업의 기획, 실행, 사후관리 등 지원역할을 맡고 있는 중간지원조직의 활동이 눈에 띈다. 광역 단위의 중간지원조직은 물론, 기초지자체 단위의 중간지원조직들도 속속 설립, 가동하고 있다. 하지만 기대 못지않게 우려와 노파심의 여론 또한 적지 않다. 지금 관 주도로, 관의 지원으로 지자체마다 다투어 세우고 꾸리고 있는 중간지원조직들이 과연 마을공동체와 지역사회를 지원할만한 자격과 역량은 충분히 갖추고 있는가.

혹, 태생적으로 주민과 행정 사이의 상호호혜적 협치에 기반한 수평적이고 민주적인 민관거버넌스의 형식과 내용은 제대로 준수하고 이행하고 있는가. 사실은 행정이 일방적으로, 하향식으로 주도해 급조, 관치행정을 단순 보조하는 외곽 하청 말단조직에 불과한 위상과 역할은 아닌가. 그렇다면, 과연 그 정도의 역량과 권한을 가지고 순환보직 등에 따른 행정의 비전문성과 무책임함, 칸막이 행정의 고질적 폐해와 만성적 비효율을 능히 해소하고 극복할 수 있겠는가. 또 마을주민의 고유역량과 마을의 특수성에 맞는 마을공동체사업을 지원해야 할 전문가로서의 본분과 소임은 다 할 수 있을까. 그렇다고 자신 있게 대답할 단계는 아직 아니다. 남은 숙제다.

농업, 마을공동체, 사회적경제의 '융복합 사업체계 플랫폼'을

오늘날 우리 마을공동체사업의 현장에는 부처마다 경쟁적으로, 각종 사업이 속출, 난무하고 있다. 얼핏 보면 유사한 목적과, 흡사한 사업명을 내건 수십억 원짜리 시범사업들이 졸속으로 느닷없이 개발, 강행되기도 한다. 그렇게 지난 십수 년 동안 마을만들기, 농촌관광 등 농촌지역개발사업, 농식품 가공, 로컬푸드 직거래 등 6차산업화, 마을기업, 협동조합 등 사회적 경제 등을 사업의 이유와 목적으로 주장하는 '따로 또 같이' 여기저기, 산재, 혼재되어 있다.

하지만 전문가가 보기에도 너무 종류가 다종다양하고 시행체계도 복잡해 일목요연하게 정리가 잘되지 않는다. 때로는 '서로 겉돌면서' 동시다발적으로 병행 추진되는 양상이라 그렇다. 하물며 농촌지역의 마을주민들로서는 아무리 역량강화 사업비를 들여 계도하고 교육을 한다고 해도 도저히 이해와 접근부터 쉽지 않다. 그런데 가만히 살펴보면 이 같은 정책사업들이 공히 지향하는 목표지점은 결국 한곳으로 수렴된다. '농촌마을 및 지역사회공동체의 재생 및 활성화'. 그래서 각 사업 총합의 효용과 시너지효과를 극대화하려면 사업별 개념, 목적은 물론 각 사업 사이의 진행 단계와 체계 등 '융복합 사업체계의 플랫폼'을 보다 체계적으로, 유기적으로 재설계·재배열할 필요가 있다.

가령 농가소득 제고 및 일자리 창출을 주목적으로 하는 '6차산업화'는 마을공동체 사업을 실행하는 '효과적 도구나 방법'이라 할 수 있다. 정책적으로 진입단계인 1단계에서 먼저 추진할 필요가 있다. 협동경영체 조직화 및 민주화를 주목적으로 하는 '사회적 경제'는 '최선의 수단과 과정'으로 삼을 수 있다. 마을공동체사업의 '최적의 가치와 명분'을 실현하는 2단계 정책으로 이어질 수 있다. 1단계 6차산업화, 2단계 사회적 경제 등 주로 '생업(경제)' 문제를 선결한 다음, '마을 및 지역사회 공동체의 재생과 활성화'를 3단계 정책과제로 추진하는 게 보다 합리적이고 효과적일 것이다. '생업과 생활과 문화가 하나 되는 공유의 공간인 마을공동체'를 향한 '궁극의 목적이자 지상과제'를 마침내 구현하는 것이다.

2015년 9월 개소한 아산시 공동체지원센터(커뮤니티 비즈니스센터)도 마을공동체, 사회적경제, 도시재생 분야를 통합한 지원 체제를 구축했다. 역시 지자체 단위 중간지원조직의 선도모델인 완주군의 통합 운영방식을 벤치마킹한 것이다. 아산시는 지역경제의 선순환 구조를 만들기 위해서는 마을만들기, 사회적경제, 도시재생사업 등 세 분야를 통합 지원하는 게 적합하다고 생각했다. 특히 주민과 행정기관 간 협력과 자발적 참여를 유도하는 민관협치(거버넌스) 방식이되, 행정은 지원은 하지만 간섭은 하지 않는 이른바 '팔길이 원칙'을 내세운다. 경기도의 '따복공동체' 또한 마을공동체사업과 사회적경제사업를 연계·통합했다. '원스톱 서비스' 방식이 효과적이라고 판단한 것이다. 실제로 '따로 또 같이' 융·복합적으로 효과적으로 운영되고 있는지, 그 성과와 성공 여부는 차치하고서 말이다.

지역 유휴시설부터 '물리적 플랫폼'으로 재생, 공유를

마을공동체사업을 벌이자면 땅과 건물이 필요하다. 사업을 하려면 거의 필수적인 '물리적 플랫폼'이다. 특히 건물은 대개 새로 짓는다. 사업비 가운데 가장 많은 부분을 차지한다. 하지만 전국적으로 농촌지역개발사업이 벌어진 마을, 지역마다 신축하고 제대로 활용되지 않는 유휴시설이 골칫거리다. 커뮤니티센터 등 각종 기초생활기반 확충 관련 시설, 농식품 가공장 등 지역소득증대 관련 시설, 생태공원 등 지역경관개선 관련

시설 등이다. 2011년 한국농어촌공사의 조사에 따르면 조사대상 사업지의 50%에 달하는 시설물이 폐쇄상태인 것으로 드러났다. 주로 미비한 사업계획, 미흡한 운영 프로그램, 부실한 사후관리 등이 원인이다.

이처럼 마을공동체사업의 성과물이 자칫 유휴시설로 전락하는 건 해당 마을만의 문제로 끝나지 않는다. 지역사회의 손실이고 국가적인 낭비로 귀결된다. 그렇다고 자산의 경영 및 관리 능력이 부족한 해당 마을에 책임을 떠넘기는 건 현명한 방법이 아니다. '책임을 지고 싶어도 책임을 질 수 없는 구조적 역부족의 상태'에 놓인 마을이 적지 않기 때문이다. 효율적, 안정적 관리와 지속가능한 운영을 위한 정부의 전향적인 정책 대안이 절실하다. 가령 중장기 투자, 임차료 지원, 임차기간 연장 등 특단의 후속 지원 대책이 필요하다.

한국농어촌공사에서 운영하는 '농지은행'의 모델을 참고할 필요가 있다. 이는 농지의 수급조절을 통한 농지시장의 안정, 농지소유제한 완화에 따른 농지의 보전 및 관리, 도시민의 귀농촉진 등이 목적이다. '노동력 부족·고령화로 자경하기 어려운 자의 농지·농지에 부속한 농업용시설'을 임대수탁 받아 전업농, 귀농희망자 등에게 임대하는 농지임대 수탁사업을 주로 영위한다. '전업농 등에 농지를 매도, 영농규모 확대, 농지 이용률 증대, 농업구조개선' 등을 촉진하려는 농지매도 수탁사업도 시행하고 있다.

이처럼 '유휴농지'를 임대, 매도하는 농지은행과 마찬가지로 유휴시설을 임대, 매각하는 '시설은행'을 따로 설립하면 어떤가. 이른바 '유휴시설

지역공유 사회적경제 자산은행' 정도의 설립취지와 사업목적을 띠면 적절할 것이다. 농촌지역개발사업 등의 지원으로 조성되었으나, 당초의 사업목적이나 기대효과와는 달리 운영성과가 부실하거나 부진한 유휴시설이 주요 대상이다. 유휴화된 기초생활기반 확충 시설, 지역소득 증대 시설, 지역경관 개선 시설 등을 '적임자'가 재활용할 수 있다면 유휴시설화를 방지하는 효과는 물론, 마을공동체의 활성화와 지역사회의 재생이 촉진될 것은 자명하다.

거래는 농업인, 농업법인, 지자체 등이 시설은행에 임대나 매도를 신청하면서 개시된다. 귀농인 등 농업인, 농업법인 등이 임차와 매입을 신청하면 '은행'은 거래 및 지원 타당성을 심사한다. 이때 사업 및 창업계획의 적정성 여부, 마을 및 지역공동체에 대한 사회적 기여도 등이 주요 고려사항이다. 특히 농촌의 원주민과 도시의 귀농인인 협동하고 연대하는 이른바 도농상생형이면서 사회적경제 방식의 공동체사업일 경우 우대해서 지원할 수 있다. 또 임차료, 매입대금 지원, 창업자금 및 초기 운전자금 등의 타당성 및 투·융자 심사도 병행할 수 있다.

'공공임대 사회주택'으로 '정주생활의 플랫폼'도

내친김에 '농촌형 공공임대 사회주택'도 많이 짓자. '정주생활의 플랫폼'이다. 특히 귀농인에게는 농지, 일자리 못지않게 중요한 게 주택이다. 살 집을 구하러 마을을 돌아다녀 보면 빈집은 많은데 막상 들어가 살만한 집은 많지 않다. 폐가가 된 지 이미 오래되어 고쳐쓰기 어려운 상태이거나, 상태가 괜찮다고 해도 집주인이 붙들고 놓아주지 않는 집들이 많다.

정부에서 '귀농인의 집'을 지원하고 있지만 남의 집이고 임시 거처일 뿐이다. 그렇다고 귀농의 미래가 불확실한데 덜컥 집을 사거나 지을 수도 없다. 정부의 본격적인 귀농인 정착·정주 지원정책인 '신규마을 조성사업'은 아무래도 조심스럽다. 기반시설, 공동이용시설 등의 설치 사업비를 지원, 입주민 입장에서 그만큼 금전 부담을 덜 수 있지만 부지구입비, 주택건축비 등 자부담 비용은 여전히 만만치 않다. 무엇보다 '먹고사는 문제'는 정부가 지원해줄 수 없다. 시행사와 입주민들이 함께 고민하고 해결해야 한다.

그래서 제주도에서 '소규모 학교 육성사업'의 일환으로 시행하는 다세대 무상 임대주택 사례는 주목할 만 하다. 학생 수가 줄어들어 폐교 위기에 처한 농어촌의 작은 학교를 살리기 위해 취학아동을 자녀로 둔 귀농인을 유치하려는 목적이다. '학교 살리기 공동주택'으로 불리는 이유다. 애월읍 봉성리 문화주택의 입주조건은 다자녀, 저학년 자녀를 둔 가정이 우선이다. 초등학생이 반드시 1명 이상이되 미취학 학생 수가 많은 경우 역시 우선권이 있다. 27평형 기준으로 보증금 500만 원에 연간 임대료 300만 원 수준이다. 곽지리는 곽지리·금성리 주민과 출향인사들이 25억 원의 성금과 마을자금, 행정기관 지원금 등을 모아 다세대주택 24세대를 지었다. 곽금초등학교 전입자녀를 포함해 1백 명이 넘는 신규주민이 무상으로 입주했다.

근본적으로는 재정형편이 좋지 않은 귀농인에게는 '공공 임대형 사회주택'을 지어주는 방식이 효과적인 지원정책이 될 수 있다. 이는 말 그대로 국가 또는 지방자치단체의 재정, 국민주택기금, 공공택지 등 공공의 재정지원을 받는 것이다. 국가, 지자체, LH공사, 민간건설업체가 건설, 매입, 임차 방식으로 귀농인에게 임대주택을 공급하는 것이다. 이때 신축 보다 기존의 유휴시설 또는 노후주택을 재생하는 사업추진 방식 또한 적극적으로 채택할 필요가 있다.

물론 이 같은 공공 임대주택에 입주혜택을 부여받는 귀농인, 원주민 등 입주희망자는 엄정한 사전 입주심사를 거쳐야 할 것이다. 무엇보다 그 지역공동체의 재생과 활성화에 기여할 수 있는 사회적 명분과 책임감을 충분히 갖추고 있는지부터 자세히 살펴봐야 할 것이다. 주거취약계층의 주거난 문제를 해소하려는 '공공 사회주택[Social Housing]' 이기 때문이다.

5

대안농정의 프레임

5.1

대안농정론

'농부의 나라' 독일의 농부처럼

그림 5-1 30년 전 8명의 농부가 모여 세운 독일 슈베비쉬 할 농민생산자조합.
지금은 1,500명의 농민이 1,500억 원의 매출을 올리고 있다.

자칫 의도적인 '살농정책'으로 의심, 오인당할 우려가 있을 정도로 한국의 농정은 비효율적, 비합리적이다. 그런데 그런 한국 농정의 혁신, 또는 정상화는 그다지 어렵지 않다. 이른바 대안농정의 모델과 방법론은 굳이 돈 들여 새로 연구하거나 개발할 필요조차 없다. 이미 어느 정도 돌파구와 대안은 나와 있다. 그냥 독일이 하는 것처럼, EU가 해온 것처럼 따라 하면 된다.

물론 겉으로는 얼핏 보면 독일 농부의 처지도 달라 보이지 않을지 모른다. 국가와 사회와 역사가 다른데 한국의 농정 시스템과 패러다임에는 맞지 않는 옷일 수도 있다. 그래서 일단은 독일 농정에 대해 철저히 공부하고 검토부터 해보자. 생긴 건 다르지만, 농사의 작목체계나 규모부터 다르지만, 가만히 살펴보면 의외로 한국의 농부와 독일 농부들은 닮은 점이 있다. '쎄가 빠지게' 농사를 짓는 한국의 농부들처럼 독일의 농부들도 '뼛골 빠지게' 농사를 짓는다. 약속이나 한 듯이 한국의 농부나 독일의 농부나 농사만 지어서는 먹고 살기 어렵다. 동서고금을 불문하고 농업의 속성, 농부의 운명으로 보인다.

그런데 한국 농부들과 독일 농부들의 차이는 근본적으로 농업이라는 천직을 대하는 자세와 태도이다. 농업을 존중하는 정도와 농부라는 직업에 대한 자존감이 그것이다. 독일의 농부들은 농부가 힘든 직업임에도 불구하고 반드시 자식에게 농사를 물려준다. 자식들은 당연하다는 듯 초등학교를 졸업하고 담임선생님과 학부모의 합의대로 11살 중학교부터 농업학교에 다닌다. 가족농으로 대를 잇는 독일 농부들은 "농부가 농사를 게을리하면 농촌경관이 어떻게 망가지나 보라"며 당당히 대정부 시위를 벌인다. 죽어서까지 '자랑스러운 농부'였다는 사실을 묘비에 굳이 새긴다.

농부와 국민이 동등한 '농부의 나라'

한국인으로서는 독일 농부들의 이러한 입장이 얼른 이해가 잘되지 않는다. 한국의 농부들은 이다지도 초라하고 불행한데, 독일의 농부들은 왜 이토록 당당하고 행복한지 의아스럽기조차 하다. 대체 독일 농부들의 그 자존감과 자부심의 밑과 끝은 대체 어디서 비롯되는 것인가. 독일 농촌연수를 가서 독일 농정의 전문가로부터 이유와 비결을 듣고 보니 모든 의문이 다 풀린다. 그렇다. 독일의 농부들은 혼자가, 독불장군이나 아웃사이더가 아니었던 것이다. 우선 국가와 정부와 사회가 독일 농부들을 돌보고 보살피고 있다.

EU의 농부들은 농가소득의 50-90%까지 직불금으로 보전받는다. 농업인구의 90%를 차지하고 있는 가족농들이 협동조합으로 서로 협동하고 연대하고 있다. 혼자 벌어 혼자 먹고사는 것 보다 서로 협동하고 연대하면서 나누는 쪽이 결국 더 이득이 된다는 사실을 잘 알고 있다. 행정과 전문가에 의존하지 않고 농부들 스스로 농업회의소를 꾸려 함께 자조하고 자치한다. 과연 국가와 정부가 농업과 농촌을 챙기고, 국민은 농부의 생활을 걱정하고 지켜주는 '농부의 나라'로 부를 만 하다.

이처럼 독일이 '농부의 나라'를 이룬 열쇠는 단연 직불금이다. 사실상 농민 기본소득에 상응하는 효과를 발휘한다. 농가소득의 60%가 넘는 수준이다. 한국의 농가는 4%대에 불과하다. 여기에 조건불리, 친환경농업, 청년, 소농 여부에 따라 직불금이 추가로 가산, 증액 지급된다. 이 같은 직불금 규모는 EU(유럽연합) 농정예산의 70%가 넘는다. 사실상 EU 공동농업정책(CAP, Common Agricultural Policy)의 핵심정책이다. 토건시설 위주의 간접보조사업에 치우친 비합리적이고 비효율적인 한국의 농정예산 집행구조와 극명하게 대비된다. 농가에 직접 지급하니 예산이 중간에 낭비되거나 유용될 여지 자체가 차단돼있어 예산집행의 효율성이 크다.

직불금 정책은 농부들이 "국가와 정부가 나를 챙겨주고 있다"는 고마움과 신뢰감의 효과로 나타난다. 국가와 정부를 믿는 농부들은 마땅히 사회의 규범과 질서를 엄수한다. 길거리에 휴지 하나 버리지 않고 교통신호를 절대 위반하지 않는다. 농민끼리의 협동 약속과 국민들과의 연대 합의도 잊지 않는다. 결국 직불금 같은 탄탄한 사회안전망은 신뢰, 협동, 연대, 규범, 네트워크 같은 사회적 자본[socail capital]이 넘쳐나는 민주적 시민사회, 법치 공화국을 이루는 밑바탕이자 원동력이 되었다.

이렇게 독일 등 EU농정의 핵심기조와 추구가치는 '돈 버는 농업' 보다 '사람 사는 농촌'에 무게를 두고 있다. 농업과 농촌의 숙제는 더 이상 농업경제학만으로는 풀 수 없다는 냉정한 판단에 따른 것이다. '사람 사는 농촌'을 위한 농촌사회학, 사회복지학의 해법이 더 유용하다는 결론을 내린 것이다. 그런 농부의 나라, 독일에서 국민의 2% 남짓 되는 독일의 농부들은 아무나 될 수 없다. 함부로 아무나 농사를 지을 수 없다. 11살 아이들이 중학교부터 농업학교에 들어가 농업전문대학을 졸업하고 농업 마이스터과정을 수료하고 농부자격고시에 합격해야 한다. 국민의 먹거리, 생명을 책임지는 성직 같은 공익노동을 아무에게나 맡겨서는 안 된다는 것이다. 그렇게 독일의 농부는 국민으로부터 사회적 합의와 지지를 받으며 '돈 버는 농업'이 아닌 '사람 사는 농촌'을 위한 '농부의 나라'를 지키며 살아간다. 독일의 농부처럼 대접하면 우리도 농민과 국민이 동등한 '농부의 나라'가 될 수 있다.

한국은 식량주권을 지키는 주권국가가 맞는가

이런 농부의 나라를 지켜볼 때마다 자괴감과 회의에 빠진다. 참지 못하고 나에게, 그리고 우리에게 이렇게 따지듯 묻고 만다. 내 조국, 한국은 과연 주권국가가 맞는가. 미국과 중국, 일본, EU 등 세계열강 틈에서 경제주권이 없는 건 어느 정도 사실 아닌가. 박쥐처럼 눈치나 보는 처량한 신세로 경제주권도 없는 국가가 식량주권을 지키겠다니 과연 말이 되는가. 무엇보다 늙고 병들고 지친 농민들의 목숨은 아직 무사한가. 이명박 정부로부터 이어진 '살농殺農정책'을 더 버틸 맷집과 전의가 아직 남아 있는가. 이명박정부의 농업선진화방안, 박근혜정부의 창조농업은 골치 아픈 농민들을 아예 들판에서 몰아내려는 기만적인 책략이지 않은가. 그 무지막지한 비인간적·반사회적 억압과 폭정을 견딜 수 있겠는가.

본디 농업이란 국가기간산업이라야 맞지 않는가. 교통·에너지·보건의료·교육·주택 등 국가경제의 사활에 영향을 미치는 다른 국가기간산업보다 덜 중요한가. 국가경제는 물론, 국민의 사활이 농업에 달려 있지 않은가. 최우선적으로 국가기간산업 대접을 받아야 마땅하지 않은가. 농지·생산기반시설·농기업 등 농업의 국유화가 단지 사회주의적 발상인가. 사람이 주인 되는 민주주의의 기본 원리이자 도리 아닌가. 그렇다면 농민들도 공무원처럼 공익요원으로서 지위를 보장받는 게 옳다. 국가기간산업에 종사하는 공익농민에게 기본소득처럼 월급을 지급하는 게 맞다. 200만 농민 한 사람마다 매달 50만 원씩 월급을 주면 한 해 12조 원의 예산이면 된다. 투자 효과도 뚜렷지 않은 망국적 토건 사업을 그만두면 된다. 불로소득과 지하경제를 뿌리 뽑으면 된다. 돈을 많이 버는 부자는 그만큼 세금을 더 내면 된다.

그런데 다른 고민이 이어진다. 이런 민주적이고 진보적인 정책을 이 나라의 보수적인 수구 기득권 세력들이 이해할까. 설사 진보 정당이 집권한들 별 탈 없이 실천할 수 있을까. 일반 국민을 설득할 만한 명분은 충분한가. 사회적 합의에 이르는 길이 순탄할까. 농업은 이미, 충분히 초라하다. 노동이 종말을 예고하듯, 농업도 곧 종말이 보인다. 정확한 통계도 없는 한국 농민의 수는 5%도 안 될 것으로 추산되고, 농업생산액은 GDP의 3%에 불과하다. 삼성전자, 현대자동차가 국민 네 명 중 한 명 이상을 먹여 살리는 '기업천하지대본'의 신자유주의 세상이다. 국가는 휴대폰이나 자동차를 내다 팔아 식량을 사 먹으면 된다는 궤변으로 국민을 호도하고 있다. 농정의 진실에 접근하기 어려운 수많은 국민이 긴가민가하고 있다.

다행히 고민의 끝에서, 절망의 끝에서 가늘지만 희망의 빛을 독일에서, EU에서 목격한 건 행운이었다. 그곳에 우리 농업이 할 일이, 우리 농촌이 있어야 할 곳이 보였다. 우리 농민의 살길이, '농부의 나라'로 가는 길이 보였다. 법이나 제도, 정책이나 전략을 손 보는 정도로는 결코 문제는 해결되지 않는다는 확신을 얻었다. 아예 농정의 틀부터, 패러다임부터 크게 바꿔야 한다. 이름 '국민농정', '공익농정', '지역농정', '협동농정'의 4대 농정전환 패러다임으로 논밭을 갈아엎는 '거대한 전환'을 해야 한다.

우선 농민이 국민의 생명을 위하는 농심으로 농사를 짓듯, 국민은 농민의 생활을 자기 가족의 일처럼 걱정하는 '국민농정'으로 바꿔야 한다. 또 '공익농정'으로 국민의 생존권과 국가의 식량주권을 지키는 농업은 국가기간산업 대접을 해야 한다. 그리고 국가 단위에서는 당장 할 수 없는 일도 지역 단위, 마을 단위에서는 우리끼리 결심하면 할 수 있다. 그래서 '지역농정'의 틀로 가야 한다. 또 혼자 독불장군 농사는 지을 수 없다. 물심양면으로 서로 돕는 '협동농정'을 해야 한다. 이렇게, 한바탕 크게 바꿔야 한다. 처음부터 새로, 다시 시작해야 한다. 고작 5퍼센트의 존재감도 없는 우리 농촌의, 농민에 의한, 농업을 위한 한계농정, 고립농정으로 안 된다. 노동자를 비롯한 나머지 95% 도시민, 소비자, 국민들이 함께 협동하고 서로 연대해야 한다.

전근대적인 농정의 틀과 패러다임을 바꾸는 '협동연대 대안국민농정'이라야 한다. 농민과 국민은 국가적·사회적 합의를 상호 호혜적으로, 유기적으로 이루어야 한다. 그러면 생산자로서 농민은 소비자인 국민의 생명을 책임지고 지킬 수 있을 것이다. 소비자로서 국민은 생산자 농민의 생활을 든든하게 지키게 될 것이다. 비로소 모든 국민이 식량주권과 국가주권을 함께 100% 지켜낼 수 있다. 농민은 국민의 생명을 걱정하고, 국민은 농민의 생활을 걱정하면서 농민과 국민이 아름답게 상생하는 아름다운 나라, 맑고 밝은 사회에서 살고 싶다. 그 '농부의 나라'가 곧 '사람 사는 세상'이다.

사회혁신적 '3農공동체'로 농정 패러다임 혁명을

오늘날 전국의 농정 현장에는 '3農'이 유행이다. 원조는 다산 정약용이다. 농업국가인 조선에서 농업 진흥책이야말로 나라를 건지고 백성을 살려내는 가장 실용적인 방법이라고 본 다산은 비실용적인 농업정책을 실용적이고 혁신적으로 전환하는 대안으로 '3農' 해법을 제시했다. 힘들고 고단한 농사일을 편하고 쉽게, 합리적이고 효율적으로 농촌을 만들어야 한다는 편농便農, 착취체제의 온갖 불합리한 제도를 개혁해 농업 소득을 늘리는 정책을 펴야 한다는 후농厚農, 사농공상士農工商의 신분제 사회에서 선비 못지않은 신분으로 농민들의 지위를 끌어올려야 한다는 상농上農이 다산의 '3農정책'이다.

결국 '3농三農'이라 함은 농업, 농민, 농촌을 한데 일컫는 말이다. 농업은 '생활소득이 보장되는 농업'이라야 한다. 그래야 '경제공동체마을'을 세울 수 있다. 농민은 '일상생활이 행복한 농민'이라야 한다. 그래야 '생활공동체마을'을 꾸릴 수 있다. 또 농촌은 '농촌다운 농촌'이라야 합니다. 그래야 '생태공동체마을'을 이룰 수 있다. '돈 되는 농업'과 '행복한 농민' 이 없이 '농촌다운 농촌'은 불가능하다. 여기서 '농촌다운 농촌'은 국민의 먹거리를 책임지고 국가의 식량주권을 지키는 최후의 보루라 할 것이다. 그러자면 '농민과 지역의 식량주권'을 반드시 지켜야 한다. 양적인 식량주권 못지않게 질적인 식량주권도 중요하다. 농민들이 주인인 농협도 '협동조합'의 원형으로 초심으로 돌아가야 한다. 정부는 농정 재정도 합리적으로 쓰고 농민의 민생도 보살펴야 한다. 그래야 마을공동체, 지역공동체의 주권이 주인인 농민에게 돌아갈 수 있다.

다산이 주창했던 이른바 3농 사상은 한국이 아닌 독일에서 실현되고 있다. 독일 농민들은 유럽연합과 독일 정부의 농업지원금 이전에 이미 농촌에서 '먹고사는 걱정을 하지 않고' 생활할 수 있도록 사회안전망이 잘 갖춰져 있다. 무상교육, 무상의료를 비롯해 재해보험, 의료보험, 간병인보험, 노령보험 등 사회보장시스템이 농민들을 농촌에서 떠나지 않도록 지켜준다. 독일 등 선진 유럽의 농정 예산은 '돈 버는 농업' 보다는 '사람 사는 농촌'을 위해 주로 쓰이고 있다. 농업전문학교를 졸업하고 농부국가자격증까지 취득해야 농사를 지을 수 있는 정예화된 2%의 독일 농민들조차 농사만 지어서는 먹고 살지 못하기 때문이다. 그래서 농촌을 지켜야 하는 독일 농민들이 농촌을 떠나지 않도록 국가에서 직불금으로 먹여 살려주는 것이다.

무엇보다 독일에는 농부들 스스로 욕심을 조절하고 규제할 수 있도록 법과 정책이 마련돼 있다. 1954년에 만들어져 60년 넘게 철저히 지켜지고 있는 녹색계획[Green Plan]이다. 도시보다 농촌이, 돈보다 사람이 먼저인 독일의 농업정책은 바로 이 4가지 원칙에 바탕을 두고 있다. 첫째, 농민도 일반국민과 동등한 소득과 풍요로운 삶의 질을 향유하며 국가 발전에 동참한다. 경쟁력 향상, 소득 증대만 추구하면 대다수 소농의 토대는 무너지고 이농을 할 수밖에 없다. 둘째, 국민에게 질 좋고 건강한 농산물을 적정한 가격에 안정적으로 공급한다. 농산물을 과대 포장해 비싸게 파는 것은 세금을 내는 국민을 배반하는 일이다. 셋째, 국제 농업과 식량문제 해결에 기여한다. 자국의 먹을거리 문제 해결은 물론, 먹는 것으로 다른 나라의 목을 조이지 않는다. 넷째, 자연과 농촌의 문화경관을 보존하며 다양한 동식물을 보호한다. 농촌의 자연, 문화 경관은 모든 국민이 즐길 권리다. 국도변, 아름다운 호숫가에는 상점도, 간판도 들어설 수 없다.

그리고 평균적인 농민들은 이기적으로, 경쟁적으로, 독과점적으로 '저 혼자만 잘 먹고 잘살 수 없게', '생활에 필요한 돈 이상은 못 벌게', 유기농업이나 지역농업에 충실하게 법이나 조합의 정관으로 규정하고 있다. 그리고 농촌공동체, 농업 협업경영체[Gemeinschaft] 동지들 사이의 약속으로 서로가 서로를 엄중하게 단속하고 규제하고 있다. 독일 농촌에는 더 놀라운 사실도 있다. '농촌에 최소한 유지되어야 하는 인구밀도'가 헌법에 명시되어 있다. 그래서 '농민들이 농촌을 떠나지 않도록', '굳이 떠날 생각조차 들지 않도록' 정부의 공무원들은 애를 쓰고 있다. 농민들이 살고 있는 농촌의 전통과 경관을 지키려고 들판의, 나무 한그루도 함부로 베지 않는다. 농업소득보다 많은 소득보전 직불금도 다 그런 인간적이고 사회적인 정책의 성과물이다.

독일을 비롯한 EU회원국가의 농정 당국이 그토록 농업과 농촌과 농민을 보호하는 이유가 농업의 10가지 기능 때문이다. 우리 농업과 농촌과 농민을 지켜야 한다면 이 10가지 기능을 농정 예산을 설계하고 집행하는 기준으로 삼아 그대로 반영하면 된다. 결코 어려운 일이 아니다. 하나, 농업은 우리의 식량을 보장한다. 둘, 농업은 우리 국민산업의 기반이 된다. 셋, 농업은 국민의 가계비 부담을 줄여준다. 넷, 농업은 우리의 문화경관을 보존한다. 다섯, 농업은 마을과 농촌공간을 유지한다. 여섯, 농업은 환경을 책임감 있게 다룬다. 일곱, 농업은 국민의 휴양공간을 만들어준다. 여덟, 농업은 값비싼 공업원료 작물을 생산한다. 아홉, 농업은 에너지 문제 해결에 이바지한다. 열, 농업은 흥미로운 직종을 제공한다.

독일, 오스트리아 등의 농촌을 둘러보면서 '독일의 농부'의 개념과 정의가 저절로 정립됐다. 여기서 '독일의 농부'란 "문화경관 직불금, 가족농, 농업학교, 농업협동조합, 농업회의소, 유기농업, 사회안전망 등으로 국가와 정부의 돌봄과 보살핌을 받고, 국민으로부터 사회적 합의와 지지를 받으며 '돈 버는 농업'이 아닌 '사람 사는 농촌'을 위한 '농부의 나라'를 지키며 살아가는 농부"를 뜻한다. 독일이 했다면 한국도 할 수 있다. 단, 농정의 철학을 갖춘 혁명적 농정 지도자가 절실하다.

5.2

사회민주적 농민

'사회민주적 농민'이 '자랑스러운 농민'이다

그림 5-2 오스트리아 최고의 제빵마이스터 발터 씨 부자

한국에서 농민[Peasantry]계급은 사회적 약자의 표본을 의미한다. 가히 '절대을'에 가깝다. 왕조 봉건시대에도, 식민지 압제하에서도, 민주주의 시대에도 정도의 차이는 있을지언정 사회적 위상과 대우는 크게 나아지지 않았다. 마치 숙명적 천형 같은 역사적, 사회적 약자의 굴레를 벗어나려면 혁명적인 자기변신이 필요하다. 먼저 '사회민주적 농민'이 되어야 한다.

사회민주적 농민이란, 나와 내 가족만 생각하지 않고, 남과 공동체를 더불어 생각하는 농민을 말한다. 혼자 하는 것보다 남과 더불어 하는 일이 경제적으로, 사회적으로 더 이롭다는 진실을 자각한 농민이다. 무엇보다 농민 이전에 먼저, 민주적으로 생각하고 민주적으로 행동하고 민주적으로 생활하는 민주시민이라야 한다. 결국, 마을과 지역의 안과 밖에서 서로 협동하고 연대할 자세와 각오가 서 있는 이타적이고 희생적인 농민을 뜻한다.

그러자면 우선 농민들의 기초생활부터 안정되어야 한다. 그러나 농촌을 지키는 우리 농민들은 늘 두렵고 불안하다. 농가의 농업소득은 평균 1천만 원 정도에 불과하다. 70%의 농민은 그 조차도 못 번다. 농가소득에서 농업소득은 30% 밖에 안 되고 농업총수입에서 농업경영비를 뺀 농업소득률도 32%에 그친다. 농사만 지어서는 '먹고사는 두려움과 불안감'에 시달릴 수밖에 없다. 좋은 농사에 전념하지 못하고 잡념과 민생고에 시달린다. '나와 내 가족이 먹고사는 두려움과 불안감'이 해소되지 않는데 마음껏 남과 공동체를 돌보고 보살필 수 없다. 그럴 수 있는 농민은 부농, 기업농 등 일부 소수에 불과하다.

기본소득과 생활기술이 '사회민주적 농민'을

그렇다면 어떻게 해야 한국의 농민들이 독일의 농부들처럼 자랑스러운 농부로 살 수 있을까. 나아가 당당한 사회민주적 농민으로 진화할 수 있을까. 간단하다. 국가가 나서면 된다. 국가에서, 사회에서 독일 정부가 독일의 농부들에게 하듯 '기본소득 월급'을 직불하면 된다. 생각해보라.

국가의 식량주권과 국민의 건강과 생명을 책임지고 있는 농업은 국가기간산업이고, 그곳에 복무하는 농민은 공익요원이나 공무원에 상응하는 대접을 받아야 마땅하지 않은가. 그렇다면 공익을 위해 공공을 위해 복무하는 농민에게 그 성직에 충실히 복무할 수 있도록 '월급형 농민 기본소득'을 지급하는 건 당연한 일이다. 아닌가?

국가와 정부가 그 정도는 농부들을 챙겨주어야 마침내 도시에 넘쳐나는 잉여 도시민들도 안심하고 용기 있게 농촌으로 하방, 정착할 수 있다. 물고기 '기본소득' 말고도 물고기 잡는 법도 물론 가르쳐야 한다. 지역사회에 연착하고 마침내 지속가능하게 정주할 수 있도록 '먹고사는 데 유용한 생활의 기술'도 훈련시켜야 한다. 지역마다 '지역사회 생활기술 직업전문학교'를 설립하자는 제안이다. 물론 교육비는 국비로 전액 지원해야 함은 물론이다.

'농민복지 제도'도 현실화해야 한다. 아예 농업, 농촌, 농민에 대해서는 기왕의 고부가 농산업의 경제적 잣대나 농촌지역개발이라는 토건적 목표가 아니라 오로지 사회복지의 관점에서 정책을 펴야 한다. 일단 농민복지의 시작이자 완성은 안전하고 쾌적한 주거환경일 것이다. 집이 필요한 농민들에게 '공공임대형 사회주택'을 제공할 필요가 있다. 결국 중소농, 영세농, 가족농은 '돈 버는 농업'으로서 경제관이 아니라 '사람 사는 농촌'이라는 복지의 관점과 방법으로 국가가 책임지고 서비스해야 한다. 특히 농민의 의료, 노인의 노후생활 등은 공공에서 온전히 책임지는 게 맞다. 그래야 농촌지역은 사회복지 공동체로 '사람이 살만한 곳'으로 재생될 수 있다.

이 사회의 약자이면서 소수집단인 농민이나 농촌주민끼리의 고립적인 사업이나 운동에서도 이제 그만 벗어나야 한다. 도시민, 노동자 등 국민과 교류하고 거래하는 기회와 통로를 확장해야 한다. 그래야 농민운동도 국민운동으로, 국제운동으로 진화할 수 있다. 어차피 농사짓는 농부들만 모여 사는 농촌은 마을·지역공동체로서 불완전하다. 그건 사람이 사는 농촌이 아니라 농업노동자가, 농업자영업자가 오로지 생업에 매달려 있는 농장의 모습일 뿐이다. 농촌이 비로소 마을공동체로서 제대로 기능하려면 농부를 중심으로 교사, 사업가, 문화예술인, 기술자, 상인 등 서로 다른 직종과 청년, 장년, 여성, 다문화가족 등 서로 다른 계층의 구성원들이 다채롭게, 조화롭게 어우러져야 한다. 그래야 마을주민들끼리 서로 돌보고 보살피는 마을공동체로서, 지역사회로서 제 기능을 다 할 수 있다. 비로소 '농사짓는 농민'은 '농사짓지 않는 남과 공동체'를 더불어 생각하는 '사회민주적 농민'으로 거듭날 수 있다.

사회민주적 농민의 중심은 '가족농'

독일, 오스트리아 등 유럽의 선진농업국의 농부들이 '협동하고 연대하는 사회민주적 농민'인 이유는 그럴만한 역사적 배경과 사회적 환경이 있다. 그곳은 기업농과 가족농의 구분이나 대립이 없다. 거의 모든 농가가 가족농이기 때문이다.

오스트리아 티롤주의 로트홀츠rotholzt 마을에는 오스트리아에서 최고의 빵을 만드는 프리히너호프prichnerhof 제빵농가가 자리 잡고 있다. 전형적인 가족농이다. 안주인 아그네스agnes와 바깥주인 발터walter, 그리고 후계농인 아들 발터 주니어 세 식구가 함께 꾸려간다. 외관은 볼품없지만 5번이나 오스트리아 '최고의 빵맛집[Brot krone]'으로 선정된 제빵 명가로 유명하다. 또한 티롤주를 대표하는 전통음식[tiroler speise aus bauerbhof] 인증 농가로 지역의 명소이기도 하다. 무엇보다 농가를 직접 찾아오는 방문 손님에 한해 제한적으로 판매하는 직판을 원칙으로 한다. 주 2회 농민장터에 좌판을 차리는 것 말고 따로 대외적으로 장사나 영업은 하지 않는다.

"오스트리아 최고의 빵을 나가서 팔면 돈을 더 벌 수 있을 텐데 왜 직판만 고집하지요?"라고 물어보지 않을 수 없었다. 돌아온 대답은 두 가지였다. 독일과 오스트리아의 다른 직판농가에서 들은 답안과 크게 다르지 않다. 일단 스스로 농사지은 밀과 우유로 빵을 만들어야 하니 많이 만들고 싶어도 그럴 수 없다는 게 이유다. 두 번째 답은 한국인들은 전혀 예상할 수 없는 답이다. 이해하기 어려운 답이다. "더 많이 만들어나가서 팔지 않아도 그럭저럭 먹고살 만 한데 왜 그래야 하지요?" 국가와 사회가 사회안전망으로 돌보고 보살펴주고 있어서 최소한 먹고사는 불안과 공포가 없는 사회다. 굳이 농민들끼리 서로 각축하거나 경쟁할 필요가 없는 것이다. 그래서 서로 협동하고 연대하는 '사회민주적인 농민'으로 살 수 있는 것이다.

그래서 프리히너호프 농가는 돈을 벌려고 농사를 짓는 게 아니라, '좋은 농사를 지어서 건강한 먹거리'를 생산하고 제공하기 위한 사회적 책임감과 직업적 자긍심으로 농사를 짓는다. 그런 진정한 자세와 노력에 걸맞은 인정과 보상을 국가로부터, 사회로부터 받고 있음은 물론이다. 그래서 오스트리아 농업프로젝트협회[Agrar project Verein]에서 주관하는 '맛의 왕관[Genuss krone]' 인증을 5번이나 수상할 수 있었다. 협회는 농업회의소, 농업시장 유통회사, 유기농협회, 농가휴가협회 등으로 구성된 권위 있는 기구로서 이곳에서 인증하는 '맛의 왕관'이야말로 농가 최고의 명예인 것이다.

독일 남부 바이에른주 켐텐Kempten시의 니더탄너 농장주는 이른바 고산지대인 알고이Allgäu 지역에서 이룩한 하나의 성공신화가 되었다. 니더탄너 가족농이 경영하는 라이자흐 유기농 과수원[reisach früchtegarten]은 사방 90km 안에 유일한 과수농가이니 말이다. 여기서 생산하는 과수는 그만큼 희소가치와 부가가치가 높다. 기후나 토양이나 과수재배에 부적합한 독일 남부 고원지대 알고이Allgäu 지역에서 최초로, 그것도 유기농으로 과일 재배에 성공한 사람에게 주어진 응분의 값진 보상인 셈이다.

20대 중반의 외아들 마틴Martin은 여느 독일 가족농이 그렇듯 당연히 아버지의 농장을 이어받을 영농후계자 수업을 착실히 받고 있다. 진작에 어릴 때부터 부모를 따라 농장 이곳저곳을 트랙터로 누비고 다녔다. 지금 3년제 농업전문학교를 졸업하고 과수마이스터 과정을 이수하면서 과수전문 농업장인으로서 길을 성실하게 가고 있다. 네 딸도 농장 일을 직간접적으로 거들고 있다. 10살이 채 안 돼 보이는 어린 막내딸까지 양계장, 직판장에서 한 일꾼 몫은 거뜬히 맡아 할 정도다. 농부 현업에서 사실상 은퇴한 니더탄너 씨의 아버지도 여전히 농장을 지키고 있다. 일종의 고문 역할이다. 이로써 어엿한 3대 가족농의 지속가능한 영농기반을 유지하고 있다.

한국의 가족농은 1987년 180만 호에서 2017년 104만여 호로 줄어들었다. 우리도 정부의 가족농 육성정책이 없었던 것 은 아니다. "가족농을 육성하기 위해 전업농을 중심으로 규모 확대를 촉진하고, 젊은 후계 가족농을 양성하며, 규모화나 전문화가 어려운 가족농은 협동화를 유도하겠다"는 가족농 육성정책은, 이명박정부에 의해 "2012년까지 기업형 주업농 20만 명과 1만여 개의 농업법인을 육성하겠다"는 농업선진화법에 가렸다. 대다수 소규모 가족농은 정부의 관심대상에서 소외되었으며, 그리고 전문화, 규모화된 기업농, 대농들과 경쟁하느라 점점 해체되고 있다.

2014년은 UN이 지정한 '가족농업의 해[International Year of Family Farming]'였다. UN도 가족농이 식량안보와 영양개선, 빈곤과 기아 극복, 환경과 생물다양성 보전, 지역경제 유지 등에 큰 역할을 하고 있다고 인정한 것이다. 세계식량농업기구[FAO]의 조사에 따르면 조사국 93개국 전체 농가의 80%가 가족농인 것으로 밝혀졌다. 소규모로 가족들이, 가족노동을 주로 경영하고, 다양한 복합적 영농활동을 통해 전 지구적으로 '식량안보'와 '자연자원보호'를 선도하는 점을 가족농의 중요한 역할이자 가치로 평가하고 있다.

'사회민주적 농민'에게 농민자격증을

'사회민주적 농민'은 아무나 될 수 없을 것이다. 사익보다 공익을 우선하기 위해 협동하고 연대하는 이타적 농민이 쉬운 선택일 리 없다. 그래서 독일, 오스트리아, 스위스에서는 아무나 농민이 될 수 없다. 농사를 짓고 싶다고 무작정 농사를 지을 수 없도록 법으로 규제된다. 일단 농민으로 인정받으려면 자기 수입의 절반 이상은 농업에서 벌어야 한다. 만일 그 기준대로 하자면 농사로 농가소득의 30%도 못 버는 우리나라의 평균적 농민은 '사회민주적 농민'은 커녕 사실상 농민도 아닌 셈이다. 또 농사일에 투여하는 농업 노동 시간도 50% 이상은 되어야 한다.

여기서 가장 중요한 건 바로 '농민 자격증'이다. 독일이나 오스트리아에서 농사를 지으려면 일단 농민 자격증을 보유해야 한다. 우리의 농지원부나 농업경영체 등록증 정도로 만만히 취득할 수 있는 게 아니다. 농부가 되려면 정식으로 농업전문학교를 졸업해야 한다. 그러고도 농업현장에서 마이스터의 지도 아래 수년간 실습을 마친 후 농부 고시에 합격해야 한다. 그래야 비로소 농민 자격증을 받을 수 있다. 농부로, 농민으로 불릴 수 있다. 말하자면 농민에게는 개업허가증이나 자랑스러운 훈장 같은 것이다.

이렇게 독일, 오스트리아, 스위스 등 유럽의 선진농업국은 전문성과 품격을 보유한 농업인 육성을 위해 '농민자격증제'를 도입하고 실습 위주의 농업인 교육을 하고 있다. 농사는 물론 농업과 농촌생활에 필요한 모든 일을 스스로 해낼 수 있도록 철저히 실습교육을 받아야 한다. 농업전문학교에서는 전공분야는 물론 공통적으로 목공기술, 용접기술, 정육관리, 우유취급관리, 간호기술, 관광경영, 농기계 수리, 과일가공 등 현장 실습과 이론교육을 병행한다. 대개 졸업하고 1년 안에 2가지 이상의 기술자격증을 취득하고 농민이 되기 위해 농가에서 2년 동안 실습과정을 거쳐야 한다. 정부는 농업전문학교에서 소정의 교육과정과 현장실습과정을 이수하고 농민 자격시험에 합격한 '농민자격증'을 보유한 농민을 특별히 우대한다. 각종 농업 보조금을 주고 '마이스터'라는 농장실습 지도자 자격도 부여한다.

여성은 '농촌주부 자격증'을 갖고 있다. 2년 동안 매주 하루씩 젖 착유 등 농사일 이외에 민박 시설 운영 및 손님 응대요령, 요리, 재단, 부기, 법률 등 농업과 가정경영에 필요한 실질 교육을 받고 자격증을 취득한다. 농촌가정주부 교육은 고등학교 졸업 여성들의 정규과정 교육, 도시에서 농촌으로 시집온 주부를 대상으로 하는 교육(주 1회, 2년간) 등 2가지 과정으로 나뉜다. 농업교육은 소 기르기, 텃밭재배, 영양학, 위생학, 원예기술 등으로 구성된다. 가정교육은 법률, 상속관련지식, 컴퓨터, 조리, 손님 다루는 법, 부기 등 농촌의 가계 생활에 필요한 '생활기술'을 가르친다. 이 같은 농민자격 교육과 농촌가정주부 교육을 위해 중앙정부는 지방정부와 긴밀히 협력, 지역특성에 맞는 '지방농업국' 및 직업학교를 설치하는 등 행정과 농민교육, 컨설팅 등을 통합적으로 수행하고 있다.

농민 자격증을 딴 선택받은 2%의 농부가 국민의 먹을거리를 책임지는 독일 농민의 자긍심은 말도 못 할 정도로 높다. 농민 자격증이 있는 사람만 국민의 먹을거리를 농사지을 수 있기 때문이다. 물론 독일에서도 농사는 '뼛골 빠지는 일'로 표현될 정도로 힘든 일이지만, 농업과 농촌을 위하는 사회적 동의와 국민적 공감, 그에 따른 정부의 정책적 지원이 독일 농부의 생활을 지켜주기 때문에 농촌을 떠나지 않는다. 한국의 농민들은 독일 농민처럼 65세가 되어도 감히 은퇴할 수 없다. 쉬고 싶어도 쉴 수 없다. 아침에 눈을 뜨면 습관적으로 논밭으로 나간다. 농사를 물려받으려는 자식도 없고 자식에게 천형 같은 농사를 물려줄 생각도 없다. 노후를 지켜줄 연금은 턱없이 부족하다.

독일처럼 '청장년 전문 공익농민들을 육성하는 농업전문학교'가 필요하다. 이를테면 홍성에 있는 풀무농업고등기술학교 같은 교육기관을 적어도 우리 농촌 지역의 기초지자체마다 한 곳씩만 설립하면 된다. 그 학교에서 공부해서 농민 자격고시에 합격한, 자긍심과 자신감으로 충만한 이른바 '전문 공익농민'들이 우리 농업과 농촌의 미래를 책임질 수 있을 것이다.

5.3

사회경제적 농업

'사회경제적 농업'은 농촌사회복지학

그림 5-3 사회적경제를 지향하는 공동체 농업모델 〈괴산 흙살림〉

한국의 농촌 마을이 살아남으려면 협동과 연대의 마을공동체 농업으로 대전환해야 한다. 전체 수입 가운데 농업 수입이 절반도 되지 않는 '농민인 듯 농민 아닌 농민 같은 농민'이 10명 가운데 7명인 게 우리 농업의 처참한 현실에서 다른 출구는 없다. 중소농, 가족농들이 협동조합 등 농업공동체를 중심으로 흩어진 작은 힘을 한곳으로 모아 큰 힘으로 만들 때, 비로소 살아남을 수 있다.

이때 마을공동체 농업을 이끄는 역량 있고 책임지는 사업주체의 역할을 맡아 할 이른바 마을·지역공동체사업 협동경영체로서 '마을기업'이 선행되어야 한다. '비록 자본주의 사회와 체제에 놓여 있지만, 마을 사람들이 서로를 위해, 마을공동체를 위해, 더불어 설립하고 경영하는 지속발전 가능한 사업단위체'가 절실하다. 가령 '친환경순환농업기반, 농촌경영체 중심, 도·농상생 생활·생태공동체' 같은 중소농·가족농 중심 영농사업체가 적당한 형태이자 규모일 것이다.

그래서 '중소농·가족농'이 제 역할과 소임을 다 할 수 있도록 걸맞은 위상을 찾아야 한다. 그러자면 한국 농업에서 존재감과 영향력이 상실된 중소농·가족농 혼자 힘으로는 역부족이다. '지역단위 협동조합'부터 구성하는 게 합리적이고 효과적일 것이다. 이때 농촌지역에 산재해있는 각종 농업 관련 유휴시설을 지역 공유자산으로 재활용한다면 창업을 하거나 사업을 강화하는 데 도움이 될 것이다. 이른바 '유휴시설 지역공유 사회적경제자산은행'의 설립을 거듭 강조하는 이유다.

무엇보다 농업은 농민 일방의 일이 아니다. 도시의 아파트의 도시민, 공장의 노동자, 할인마트의 소비자들은 농업이 남의 일이 아니라는 상식적, 윤리적 인식을 해야 한다. 마땅히 도시에 속해 있지만 국민농업의 한 주체로 자각, 참여해야 한다. 그러자면 국민농업의 학교라 할 수 있는 '도시농업'도 장려하는 게 타당하다. 도시에서부터 농촌을 배우고 곧 결행할 자발적 하방을 철저히 준비해야 한다. 돈과 힘이 더 많은 도시의 지자체가 농촌의 지자체에 먼저 손을 내밀면 가능한 일이다.

식량주권 못지않게 먹거리 정의와 안전도 중요하다, 자유무역협정에 따른 수입농산물 유입으로 GMO(유전자변형) 농산물, 방사능 오염식품으로부터 더 이상 안전하지 않다. 식품 표시를 완전하게 하고 아이들 공공급식부터 안전하고 건강한 친환경 로컬푸드로 공급해야 한다. 그러자면 지역농업을 통한 친환경 순환농업 체계가 구축되어야 한다. 6차산업도 지역농업, 친환경농업을 바탕으로 해야 중소농, 영세농들이 참여할 여지가 마련된다.

잘만 하면, 이러한 '사회경제적 농업'은 농촌마을에 사는 농민과 농촌주민들의 단순한 밥벌이 수단 정도는 넘어설 수 있을지 모른다. 농촌에 살든, 도시에 살든, 생태적이고 공동체적인 삶을 소망하는 온 국민의 새로운 삶의 방식이 될 수 있다. 나아가 활로와 출구를 좀처럼 찾지 못하고 있는 국가 경제의 대안이 될지도 모른다.

'사회경제적 농업'은 사회복지학과 농촌사회학으로

불행히도 그동안 한국 농정당국에서 바라보는 농정의 핵심 과제는 '기업화' 또는 '산업화'다. 농업선진화, 6차산업 또는 ICT 융복합농업, 스마트농업 등의 현란한 농정구호를 동원, 자유무역시대에 국제 경쟁력을 강화하려면 규모화를 통한 생산비 절감으로 가격 경쟁의 열위를 극복해야 한다는 명분이다. 하지만 평균 농지보유 면적 1.5ha, 농업소득(농축산물 판매금액) 1,000만 원의 한국의 농업·농촌 현실에서 기업화, 산업화에 동참할 농민은 상위 1% 남짓의 기업농, 대농에 지나지 않는다.

따라서 대다수 농민이 중소농이거나 영세농인 한국에서 '돈 버는 농업', '부가가치가 높은 선진농업'이라는 농업경제학의 전략과 방식으로는 대다수 농민의 경제사정이나 생활환경을 개선할 수 없다. 이렇듯 중소농, 가족농 중심의 생계형 농업 구조에 바탕을 둔 우리 농업의 현실에서 기업농 중심의 상업적 농업은 적절하지 않다.

그래서 기업농이나 상업농 위주보다는 중소농들끼리 협력과 연대를 통한 공동 생산, 공동 가공, 공동 유통 방식의 공동체 농업모델을 개발할 필요가 있다. 협동조합 중심의 농업선진국 덴마크, 뉴질랜드 등 해외 성공 사례도 얼마든지 있다. 세계적 브랜드인 썬키스트, 제스프리 등은 협동조합을 중심으로 산지 생산자 조직화를 통한 교섭력을 키우고, 협동조합 간 연합체 구성과 참여조직의 역할분담으로 규모화·전문화의 효과를 발휘했다.

무엇보다 우리 농촌은 단순한 생산의 공간이라기보다 생활의 공간으로 인식의 전환을 하고 바라볼 필요가 있다. 그리고 농민을 단순한 경제활동 인구로서보다 사회복지의 수혜 대상으로 바라볼 필요도 있다. 그러자면 농정의 패러다임이 전업농 육성 위주의 '돈 버는 농업' 상업화, 규모화 패러다임에서 가족농·중소농 중심의 '사람 사는 농촌' 중심 패러다임으로 전환되어야 한다. 대부분의 중소농은 가족노동력에 기대 자급자족해야 하는 가족농의 처지이다. 상업화, 규모화와는 거리가 먼 순정한 생계형 농사를 지을 수밖에 없다. 수지타산을 맞추기도 쉽지 않다. 따라서 '중소농·가족농 중심'의 농업정책은 소득 중심 농업경제학의 시각으로 접근하면 안 된다. 농민 기본소득 등 기초생활 보장제, 직불제 등 농가 소득 보전, 보건, 주거 등 사회안전망, 영농 협동조합 등 사회적 경제 등을 중심으로 사회 복지 측면에서 바라보아야 한다.

협동조합이 '사회적경제 농업'의 견인차

무엇보다 농민들이 현장에서 요구하는 농업의 대안은 기업농 중심, 자본투자 위주 모델이 아니다. 중소농 중심 협동조합 방식의 '협동화사업' 모델이다. 6차산업화든, 스마트농업이든 소규모, 영세 농업경영체가 많은 우리 농촌의 공동체 특성과 다기능성을 살리면서 추진되어야 마땅하다. 본질적으로 농업이 근간이기 때문이다. 농기업 창업, 일자리 창출, 농가소득 제고 등은 그 협동화사업의 선순환 구조 속에서 부산물로 따라오는 것이다.

근본적으로 인구 밀도가 낮고 생산인력이 부족한 농촌에서 사업을 영위하는 행위 자체가 시장 실패의 위험을 안고 있다. 농촌지역에서 구조적으로, 환경적으로 충분한 규모와 지속가능한 기간의 상권형성도 어렵다. 이럴 때, 농촌의 주민들이 협업을 통해 생산·소비협동조합을 결성한다면 시장실패의 가능성을 낮추는 등 유력한 자구책을 마련할 수 있다. 무엇보다 이렇게 '협동사업화'를 통한 자조적 지역사회 발전 전략은 주민의 삶의 질 향상, 지역사회 내부역량 증진 등의 효과를 가져온다. 행정, 주민 등 지역사회 발전의 추진주체는 효과의 극대화를 위해 지역사회 다수 주민의 이익을 추구하기 때문이다. 특히 다수가 참여하는 '지역사회 또는 지자체 단위의 협동조합' 방식은 개별 농민 구성원의 욕구보다는 지역사회 공통의 발전을 지향하므로 정책적 명분도 충분하다.

특히 협동조합은 지역사회의 사회적 자본[social capital]을 증진한다. 지역사회 주민들이 협동조합에 참여하면서 협동조합의 발전과정, 조합원 역할, 리더십 등을 경험하고 공유하면서 사회적 자본을 형성하게 되는 것이다. 이는 곧 지역사회와 구성원들이 사업조직을 만들거나 강화하는 데 요긴하게 활용할 수 있는 자산이 된다. 무엇보다 과소화되고 사회적 활력이 저하된 농촌지역에서는 사회적 연결망이 침식되거나 부재한 상태이다. 따라서 사회적 관계를 형성하거나 복원하는 조직화 활동이 절실하다. 협동조합을 설립하고 운영하는 방법, 협동조합을 통한 '협동사업화'가 최적의 대안이 될 수 있는 이유다.

협동조합금융도 난제다. 문제는 협동조합 경영지원, 협동조합 대출, 협동조합 투자 등 3가지로 정리할 수 있다. 우선 경영 지원, 회계·재무컨설팅 등 사업경영의 전문성, 역량 확보가 중요하다. 특히 협동조합의 특성에 부합하는 재무제표 평가, 신용평가 및 신용등급 기준 마련이 최우선 과제다. 협동조합 유형별, 성장단계별 금융수요 조사, 최적 자금조달 방안도 수립되어야 한다. 법적, 제도적 한계가 존재하는 기존의 농협, 신협, 금고 등 금융협동조합들이 협동경제의 금융파트너 역할을 할 수 있도록 위상을 재정립해 이른바 '협동조합경제 금융생태계'를 구축할 필요가 있다.

중소농 농업공동체는 '사회경제적 농업'의 토대

농림부는 2011년부터 '마을단위 농업공동체' 사업을 시행하고 있다. 대부분 농지가 영세 분산 필지 상태인 영농구조하에서 개별경영의 규모화에는 한계가 있기 때문이다. 설사 규모를 확대해도 효율적 경영은 어렵다. 개별경영 단위의 규모화로는 농업의 경쟁력 확보에는 한계가 있다. 그래서 지역자원을 종합적으로 활용해 복합화·다각화할 필요가 있다. 복합화·다각화의 경우 개별경영보다 다수의 구성원이 참여하는 '조직경영'방식이 유리할 것이다. 이처럼 개별경영의 한계를 보완하기 위한 마을 단위 영농활동의 조직화, 공동 경영을 통해 범위·규모의 경제 활동이 가능, 개별 경영체의 영세성이 극복될 수 있다.

농림부의 '마을단위 농업공동체'는 "농업비중이 높은 마을단위로 공동 영농·판매 등을 수행하는 지역농업조직을 구성하고, 지역경제의 구심체로 육성"하는 것이다. 우선 조직화를 통해 지역자원을 종합적으로 활용하는 지역성을 확보할 수 있다. 또 지역주민 또는 지역 농협·농업법인 등이 자발적으로 결성하는 공동성도 도모할 수 있다. 나아가 자립성과 지속성을 가질 수 있는 경영방식으로 수익성도 추구한다. 형태는 민법상 법인·조합, 농업법인, 협동조합 등 다양한 형태의 조직으로 확대가 가능할 것이다.

마을 단위로 농지의 단지화가 가능하기 때문에 농지규모화의 효과가 직접적으로 나타난다. 지역의 농지 보전과 관리에도 효과적이다. 또 영세한 농가가 공동으로 조직화하면 농업의 지속성도 증가한다. 단기적으로 농업생산 유지를 통해 경작포기지 발생을 방지한다. 장기적으로는 지역단위의 후계자 확보대책으로 기능할 수 있다. 농지의 단지화, 농기계 공동이용으로 비용도 절감된다. 일본의 경우, 평균 0.8ha(벼 48a, 콩 32a)의 경지면적을 가진 37호(총면적 30ha)가 각각 개별경영을 한 경우의 전체 비용은 121,400천 엔이나, 마을영농의 경우 개별경영의 45%(55,000천 엔) 수준으로 비용이 절감된 사례를 확인할 수 있다.

지금 추진되고 있는 농업공동체 조직화 유형은 생산자 조직 주도형, 농협 주도형, 지자체 주도형으로 구분된다. 생산자 조직 주도형은 개별농가로서 담당하기 어려운 생산과정의 일부 또는 전부를 조직화를 통해 실행하는 생산 단계에 해당한다. 의성 의로운쌀 생산자연합회처럼 주로 농협의 계통출하를 목적으로 하는 품목조직이나 공동출하, 가공, 유통을 위한 생산자 모임이 주도한다. 농협 주도형은 APC, RPC를 중심으로 유통 혹은 생산 부문의 규모화·계열화를 추구하는 지역농협 중심이다. 농협 중심의 친환경쌀 생산·유통 단지인 용인 원삼농협의 사례가 대표적이다. 지자체 주도형은 중앙정부로부터 투입되는 자금이나 제도를 지역(마을단위)과 효과적으로 결합하는 유형을 말한다. 지자체가 직접 유통 등의 경영에 참여하거나 출자를 통해 경영에 참여하는 안성마춤클러스터를 예로 들 수 있다.

경북도도 '경북형 마을영농 육성사업'을 시행하고 있다. 농지는 개인 소유, 경작은 마을단위 공동이 특징이다. 마을단위의 경작을 통해 경영비를 대폭 줄여 농업 경쟁력을 높이려는 정책 목적이다. 일본의 '집락영농'의 성공사례를 국내 최초로 벤치마킹해 경북지역의 농업 특성에 맞게 개량, 시범적으로 실시하는 사업이다. 마을영농의 경영주체에 따라 마을주도형 모델·농협주도형 모델·기업주도형 모델·혼합형 모델 등으로 분류된다. 기존의 개별소유와 개별관리 방식의 영농을 농지 소유자와 이용자를 분리, 농지 및 농기계 공동이용, 작업별 노동력 집중 투입 등을 통해 생산비용을 최소화하고 마을전체의 농업경쟁력을 높여나가는 것이 최종 목표다. 3억원 내외의 사업비는 마을영농을 운영하는 전문 경영인이나 농기계 운영자 등의 인건비, 농기계 창고, 저장시설, 공동 농기계 구입비 등에 사용된다.

5.4

사회생태적 농촌

'마을만들기'를 넘어 '마을 살이'로

그림5-4 홍성 홍동면 '사회생태적 마을 살이'의
허브이자 센터 구실을 하고 있는 〈밝맑도서관〉

마을은 '주로 시골에서, 사람 사는 집들이 한 데 모여 있는 곳'이다. 사전의 정의 그대로 하자면 시골이 아닌 곳은 마을이라 부르기 어색하다. 이치에 맞지 않는다. 굳이 '시골에서'라고 수식한 이유가 있을텐데, 무엇보다 마을이라고 하면, 생활과 생업 그리고 쉼과 놀이가 한 공간에서 이루어질 수 있는 곳이라야 적합하기 때문일 것이다. 그런데 '먹고살기 위해 사람들이 모여들어 만들어진' 도시에서는 도무지 그게 어렵다. 부득불

생활과 생업이 격리되거나 격절될 수밖에 없기 때문이다. 그럼에도 그토록 도시에서 마을을 만들려고 애쓰는 여러 가지 운동이나 사업은 마을에 대한 절박한 그리움 이상도 이하도 아닐 것이다.

하지만 안타깝게도 오늘날에는 비록 농촌이라고 마을의 모습이 온전히 남아있지 않다. 그동안 도시화, 산업화의 부작용과 후유증으로 심각하게 훼손되고 상처받았다. 젊은이의 온기, 공동체의 활력이 사라져 과소화, 형해화, 공동화된 마을같지 않은 마을이 한두 곳이 아니다. 10년 후의 우리 농촌을 생각해보라. 누가, 얼마나 남아 있을지. 농촌이 이렇게 된 발단은 18세기 영국으로 거슬러 올라간다. 세계사적으로 18세기 중반부터 영국에서 시작된 산업혁명 이래, 자본주의화 이래 농촌은, 마을공동체는 동력과 희망이 무너지고 사라졌다. 공유지[commons]에 기대 생계를 이어가던 농민들로부터 토지를 빼앗아 상품화해서 사적 소유(Enclosure 운동)를 일상화한 게 치명적이었다.

이때 토지를 상실했거나 토지에서 추방된 농민들은 반란으로 저항했으나 어김없이 토벌, 진압되었다. 힘이 없어 용기와 겁이 많았던 농민들은 농업 이외의 노동을 거부하는 '유랑'이나 '걸인'으로 전락했다. 심지어 축구와 자본주의의 종주국 영국의 지배층은 1834년 야비한 묘안을 생각해냈다. 역사적으로 악명높은 개악 구빈법이다. 최저생계비 이하 노동자들에 대한 생활수당을 보장하던 스피넘랜드Speenhamland 법을 무원조 원칙의 신 구빈법으로 개악한 것이다.

이때 농촌에서 쫓겨나 도시에서 유랑 걸식하던 빈민들은 낙인이 찍힌 채 교도소에 수감됐다. 그리고 강제적으로, 반인권적으로 소나 말 같은 동물처럼, 노예처럼, 기계적 노동에 적응하도록 강요를 받았다. 농민 출신 도시빈민들은 굶어 죽지 않으려면 그토록 부당한 요구를 받아들이지 않을 수 없었다. 그리고 농촌지역에 사람이, 마을이, 공동체가 사라지기 시작했다.

마을공동체 최고의 전문가는 '마을주민'

마을공동체의 몰락에 위기감을 느낀 국가나 정부는 공권력과 국비까지 동원해 마을을 되살리려 애쓰고 있다. 마을을 재생하고 활성화하려는 정책목적이다. 이른바 '마을만들기'를 위한 운동과 사업을 독려하고 촉진하고 있다. 하지만 마을만들기 3대 책임주체인 행정도, 주민도, 전문가도 마을만들기를 힘겨워한다. 행정은 진정성과 공정성이 미흡하고 주민은 이해도와 참여도가 부족하다. 그 일을 직업으로 하는 전문가조차 전문성과 사명감이 충분치 않아 역부족이다. 하면 할수록, 마치 잘하고 싶어도 잘할 수 없는 고역이나 고행처럼 느껴질 정도다.

무엇보다 '한국형 마을만들기'는 태생적 한계와 시행착오의 실패마저 떠안고 있다. 출발부터 '마을만들기'를 '농촌관광지화' 또는 '생태공원화'와 동일시하는 어리석은 판단 착오와 오류가 잠복되어 있었다. 그 결과, 외부인의 구경거리나 체험거리에 불과한 관광지, 공원 등의 전시행정과 유휴시설이 전국 도처에 양산되고 말았다. "마을을 만들어야 한다"는 강박증에 시달리다 하드웨어 조성 위주의 토건사업에 지나치게 집중하고 말았다. 마을을 외부인을 위한 시설이 아니라 내부인을 위한 삶의 터전이라는 사실을 망각하고 무시한 자충수를 두고 말았다.

그런데 이쯤에서 총체적인 재검토가 필요하다. 오래된 관행과 관성부터 의심해봐야 한다. "과연 마을은 옳은 것인지, 마을이 곧 공동체인지"등 원초적인 의문에 스스로 대답해야 한다. 마을만들기는, 마을공동체는 모두를 위해 좋은 일을 하는 것이라지만, 그 선의 자체가 사실은 위선이나 과장, 자기변명이나 과시용 포장은 아니었는지 뒤를 돌아봐야 한다. 마을이나 마을공동체는 과연 모두를 위한 절대 선인지, 유일한 대안인지, 다시 한번 철저히 학습하고 훈련하고 실천해야 한다.

결국 실질적인 방법으로 기왕의 '토건적 마을만들기'를 '사회생태적 마을 살리기 또는 마을살이'로 패러다임 자체를 바꾸어야 한다. 마을이 품고 있는 사회적이고, 인문적이고, 문화적인 요소와 자원들을 더욱 주목해야 한다. 원주민, 귀농인, 출향인 등 내부인의 인간다운 생활과 생존을 보장하는 삶의 질 높이기를 당면한 지상과제로 삼아야 한다. 그러자면 학습과 교육이 먼저다. 그래서 '마을교육공동체'부터 건설해야 한다. 마을에 학교가 살아남아야, 마을이 곧 학교가 되어야 마을이 살아남을 수 있다. 마을에서 아이들이 자라고 어른들이 어울려 살아갈 수 있다. 마을의 작은 학교를 살리고 학교협동조합도 만들고 사회적 경제 교과서도 가르쳐야 한다. 그렇게 어릴 때부터 민주시민으로서의 소양과 품성을 가르칠 필요가 있다.

'마을만들기'가 아닌 '마을살리기 또는 마을살이'를 하는 데 마을 공동체사업에 임하는 태도와 마음가짐과 방법론은 사회적경제를 수단과 도구로 하면 적합할 것이다. 농촌상생기금, 마을공동체·사회적경제 융합 지원센터, 공공 조달시장 등으로 '생활 중심 마을공동체사업'으로 인식과 틀이 전환되어야 한다. 무엇보다 농촌마을의 주인은 마땅히 농민이다. 농민이 농정의 주인이자 결정권자가 되어야 한다. 농민을 농정의, 또는 '농정협치'의 주인으로 세우기 위해 '민간 주도형 농업회의소'가 설치되어야 한다. 이때 행정은 '지원은 하되 간섭은 하지 않는다'는 '팔길이 원칙[arm's length principle]'을 잊지 말아야 한다. 관이나 공공은 지원을 핑계로 민간의 자율성과 자존감을 통제하거나 침해하지 말아야 한다.

보다 근본적으로 국가기간산업인 농업이 그렇듯 농촌 일도 사사롭게, 아무나 장사꾼처럼 뛰어들면 안 된다. 농촌마을 공동체의 미래와 희망을 기획하고 설계하고 개발하는 일의 속성 자체가 근본적으로 농업과 농촌에 대한 종합적이고 체계적인 지식과 이해를 갖추어야 수행할 수 있는 고난이도의 업무다. 생태, 환경, 조경, 관광, 건축, 도시계획, 농학, 임학, 식품공학, 농경제학, 농업경영학 등은 물론, 인문학과 사회학의 지식과 역량이 조화롭고 깊이 있게 통섭되어야 한다. 물론 학교 안에서의 전공, 학점과 학위보다 학교 밖에서 현장 경력이 더 필요함은 두말할 나위도 없다. 그래서 마을공동체사업에 관한 한 최고의 전문가, 책임자는 공무원도, 교수도, 연구원도, 컨설턴트도 아닌 바로 그 마을주민이라야 할 것이다.

'산업기술적인 농사 공동체'가 아닌 '인문사회적인 생활 공동체'를

근본적으로 '만드는 마을'이 아니라 '살아가는 마을'이려면 '농촌사회'를 바라보는 시각과 패러다임부터 전환되어야 한다. 일단 어떻게든 혼자 살아보려는 '독립마을'에서 더불어 살아가려는 '연대마을'로 진화해야 한다. 어차피 농부가 혼자서 '좋은 농사'를 짓기는 어렵다. 농사를 지어서 먹고살기도 어렵다. '자연인처럼' 내 멋대로 살면 자유롭기는 할 것이나 자칫 지역사회에서 잊히나 사라질 위험이 있다. 농촌사회에서 '사회적 농부'가 되려면 마을주민, 지역사회는 물론, 도시민, 소비자들과 지속적·유기적으로 교류하고 거래해야 한다. '농업회의소 중심 자생적 지역학습조직', '농민·노동자, 농민·도시민 상생기금', '도시민(도시농업인) 직거래 네트워크' 등을 이웃과 더불어 공조, 협업할 수 있을 것이다.

그러자면 개인에서 '사회인'으로 진보해야 한다. 농촌에서도 개인주의자니 이기주의자는 불편한 존재로 환영받지 못한다. 공동체의 갈등과 분쟁의 원인으로 낙인 찍힌다. 마을공동체의 이웃, 지역사회의 타인을 이타적으로 배려하는 공익적·공공적 시민의식과 선도적 실천역량부터 갖추어야 한다. '마을교육공동체, 사회적협동조합 등 지역공동체 운동', '로컬푸드 유통, 토종종자 보전 등 풀뿌리 순환자치경제네트워크 구축', 평화통일농업, 생태농부학교 등 우주적 각성과 수행운동 등에 자발적, 선도적으로 동참해야 한다.

지금 관제 마을공동체사업을 주도하는 농식품부나 행정안전부는 "그동안 지자체·민간에서 산발적으로 전개되는 마을만들기에 대해 일관된 원칙 및 방법 등을 제시할 필요가 있다"며 관련법을 발의해놓은 상태다. 지역개발사업의 효과성·형평성 증대를 위해서도 법제화는 필요하다는 논리다. 하지만 오늘날의 우리 '마을만들기' 또는 '농촌마을공동체' 사업 환경과 현실에서는 설사 법이 새로 만들어진다고 해묵은 고질적 난제들이 해결될 것으로 기대되지 않는다. 법 이전에, 법으로는 해결할 수 없는 사람의 문제, 조직의 문제, 그리고 목적의식과 가치관의 문제가 더 본질적인 병인이다. 법을 만들기 전에 "마을만들기를 도대체 왜, 무엇을 위해서 하려 하는지"에 대한 답을 먼저 구해야 한다. '마을만들기'나 '농촌공동체'의 법과 제도를 거론하기 전에, 개념과 패러다임부터 재정립할 필요가 있는 것이다. 마을주민이 아닌 행정이나 외부 용역업자가 주인이자 독과점 수혜자 처럼 행세하는 시행착오를 되풀이한 기왕의 '토건적 마을만들기'부터 그만 두어야 한다. 이제 내부인(원주민, 귀농인, 출향인 등)의 생활과 생존을 보장하는 삶의 질 향상을 위한 '사회생태적 마을살리기'로 패러다임과 방법론을 전환해야 한다.

구체적으로는 '마을기업 중심의 마을살리기', '살림마을 목적 마을살리기', '중간지원조직 기반 마을살리기'가 합리적이고 실천적인 대안이 될 수 있을 것이다. 특히 책임지고 일할 사람이나 조직이 없는 농촌마을에서는 공동체사업조직이 가장 중요하다. 사업의 책임주체로서 '지속가능한 마을기업'이 먼저 준비되어야 한다. 이때 마을기업을 세우고 꾸릴 '훈련된 마을시민'이 함께 준비되어야 하며, 거기에 마을기업의 창업과 경영을 지원하고 마을시민들을 발굴하고 교육할 '체계적이고 전문적인 중간지원조직'도 지역마다 든든히 자리 잡아야 한다.

'박현채'와 '강준만'을 읽으면 마을공동체가 읽힌다

그런데 마을이나 마을공동체를 제대로 보려면 마을만 공부해서는 잘 보이지 않는다. 마을을 둘러싸고 있는 농업, 농촌, 농민은 물론, 농업경제학, 농촌사회학, 심지어 정치환경까지 두루 살펴봐야 한다. 그러자면 '박현채'를 새삼 다시 꺼내 읽어볼 필요가 있다. 박현채는 '산업화 과정들의 문제들을 규명하고 체계적 대안을 마련하려는 한국적 정치경제학'으로서 이른바 '민족경제론'을 주창한 진보적 경제학자이다. 한국 국민경제의 독자적 가능성을 제시하며 사회변혁운동에 앞장선 실천적 경제이론가로서 평가된다. 특히 실천적으로 전근대적 생산양식을 극복하기 위해 협업농업의 양성을 강조했다. 또 농업문제뿐 아니라 아시아적 생산양식의 문제, 원조경제의 본질, 자본주의 세계경제에서 국민경제의 독자적인 존재 가능성까지 고민했다.

박현채가 남긴 '한국농업의 구상', '한국경제와 농업', '한국경제구조론', '민족경제와 민중운동' 등의 저작을 읽으면 "왜 이 나라 농업, 농촌, 마을공동체가 이 모양 이 꼴이 됐는지" 비로소 알 수 있다. 1960년대 중반, 당시 민주공화당은 한국농업의 생산력 정체와 빈곤의 원인이 농업 경영의 영세성에 있다고 봤다. 진단은 비교적 정확했으나 내놓은 처방이 문제였다. 박현채의 진단과 분석을 그대로 옮기면 "과소경영 청산을 위해 농업을 자본제적 경영을 통한 확대재생산의 경제단위로 발전시키려고 했다. 또 사회적으로 타당한 이윤이 실현되는 형태의 농업경영에로 농업을 자본주의화 시키는 것을 골자로 하는 중농정책을 시행하도록 정부에게 의무지웠다"는 것이다.

지금 우리 농촌이 안고 있는 문제, 마을공동체의 적폐는 바로 그 지점에서부터 발화되었다고 이해된다. 박현채는 "그간 이 한국경제는 미국을 중심으로 한 국제분업체계에 긴밀한 관련이 있음으로써 유지되어 왔다.

그것은 식량문제의 경우 값싼 미국잉여농산물의 도입으로 저농산물 가격정책을 견지하고, 저노임을 기초로 한 가공수출의 증대로 수입재원을 확보한다는 전략이 기축을 이루게 되어 있었다. 그래서 한국은 만성적인 식량 및 원자재 수입국으로 전락하고 말았다"며 '살농정책'의 불가피한 이유를 정리하고 있다.

그래서 마을만 보고 생각해서는 마을이 잘 보이지 않는 것이다. 마을만 공부해서는 마을을 잘 알 수 없었던 것이다. 마을을 둘러싼 농업의 경제와 농민의 생활부터 먼저 알아야 한다. 그리고 세계의 근현대사와 국제 정치, 그리고 공동체 사회의 이면까지 더 들여다봐야 한다. '박현채'를 다시 꺼내 읽어볼 필요가 있다. 마을공동체로 가는 길이 그 책 속에 있을지 모른다.

덧붙여 마을이 딛고 있는 현실인 지역사회의 문제까지 이해하려면 '강준만'도 읽어봐야 한다. "지방은 서울의 '내부식민지'이고 '식민지 독립투쟁'이 지방을 넘어서 나라를 살리는 길"이라는 게 전북대학교 강준만 교수의 한결같은 주장이다. 그는 "헌법은 아무도 지키지 않는 빈껍데기, 아니 쓰레기 취급을 받고 있다"면서, "지방은 정치·경제·문화·교육·언론 등 전 분야에서 서울에 종속된 '내부 식민지'"라고 개탄한다. 강 교수는 "지방정부의 자율성도 낮을 뿐더러 재정 독립성도 약하다"는 게 근본적 문제라고 지적한다. 특히 인사와 예산의 종속은 지방정부의 '중앙에 줄대기' 경향을 키웠다는 것이다.

강 교수의 지적처럼 지난날 지역불균형발전으로 인한 지역격차 또는 지역 불평등은 곧 경제적 기회, 정치적 접근성, 문화적 향유의 격차로 직결되었다. 결국 지역감정이라는 사회적 갈등의 빌미가 되고 말았다. 국가의 통합적 발전을 저해한 것은 물론이다. 무엇보다 오늘날 지역불균형 또는 차별의 원인이 결국 권력의 중앙집중에 있으므로 지방의 자율과 분권은 불가피하다. 그래야 지방은 '서울, 수도권의 식민지'에서 독립할 수 있다.

그러자면 우선 '지방'이란 용어부터 고칠 필요가 있다. '지역'이라고 하는 게 바람직하다. 지방이란 용어는 '서울'을 중앙으로 보고 나머지 지역은 변두리 또는 들러리로 무시하고 홀대하는 시각과 인식이 깔린 것이다. 그동안 지역마다 외부나 상부에 의존하는 외생적 지역발전전략의 폐해와 상처는 심각했다. 특히 상부, 즉 중앙정부의 시혜적 배분에 의존하는 외생적, 기생적 지역발전 전략은 지역의 창의력, 능동성, 독립성을 마비시켰다. 박현채의 고발대로 '살농정책'에서 벗어나야, '강준만'의 비판대로 지역이 독립해야 '사회생태적 마을살리기'는 비로소 가능할 것이다.

6

대안사회의 패러다임

6.1

대안사회론

'불량사회 한국, 불행사회 한국' 탈출 매뉴얼을

그림 6-1 국민이 행복한 대안사회는 블랙리스트가 필요없는 '정의로운' 사회일 것이다. 광화문촛불광장

2013년 이후 세 차례의 유럽 농촌공동체 연수, 그리고 유럽 도시지역의 일상생활, 시민사회 관찰여행에서 돌아와 여독과 후유증이 아직도 풀리지 않고 있다. '행복사회유럽', '독일의 농부'를 책으로, 원고로 정리하며 생각을 추스르고 마음을 다스려봐도 고민과 걱정의 넓이와 깊이는 자꾸 증폭되고 심화된다. 독일, 오스트리아, 영국, 체코, 프랑스, 이탈리아, 스위스 등 이른바 유럽 선진국의 '사람 사는 행복사회'를 직접 눈으로 목격

한 감동과 충격에서 여전히 빠져나오지 못하고 있다. 한국과 유럽의 국경에서, 그 절망과 희망의 경계선에서 여전히 경계인처럼 번민하고 방황하고 있는 것이다.

고민과 걱정은 한마디로 이런 것이다. "이제 나는, 또는 우리는 이 나라에서 어떻게 살아가야 하는가." 솔직히 진실을 털어놓자면, 설사 난민 취급을 받을지언정 이 나라 '불량사회 한국, 불행사회 한국'에서 벗어나는 길이 유일한 해법이자 활로는 아닌지 진지하고 심각하게 숙고하고 있는 것이다. 오늘날 한국은 최소한 국가로서의 기본적 품격과 자존감조차 찾아볼 수 없다. 불과 몇 해 전까지만해도 마치 무정부상태, 또는 내란상태를 방불케한 사사롭고 어설픈 정부는 국민을 돌보거나 보살필 능력이 전무했다. 도대체 어떤 국민들이기에, 그런 사이비 정치세력들에게 흔쾌히 투표할 수 있었는지 도저히 이해도, 용납도 되지 않는다.

심지어 이 나라는, 제 나라 청년, 청소년들로부터도 손가락질과 조롱을 당하고 있는 지경에 이르렀다. 미래의 희망인 청년들이, 아이들이 태어난 조국을 신뢰하고 사랑하기는커녕 원망하고 자조하는 마음만 가득하다. 그들에게 일말의 애국심이나 동포애의 흔적조차 찾아볼 수 없다. 급기야 N포세대 청년들은 조국 한국을 '헬조선'이라 비판하고 공격하기 시작했다. 지옥[Hell]과 조선朝鮮을 합성한 '지옥 같은 대한민국'의 상황은 막장에 다다른 느낌이다.

정권이 바뀌었다고 사회가 바뀔 수 있을까. 지금 우리에게 '헬조선'을 탈출할 의지가 있다고 해도 그럴만한 능력을 갖추고 있기는 한 걸까. 뭘

하고 싶다고 그걸 할 수 있는 건 아니지 않은가. 선진 유럽은 이미 19세기부터 '행복사회'로 가는 진지 구축을 마치고 저만치 달려가고 있는데 우린 지금 진지 설계조차 제대로 못 하고 있으니 이미 늦은 건 아닐까. 앞으로 만회할 기회가 남아있기나 한 걸까. 대체 어디서부터, 어떻게 다시 시작해야 하나. 다행히도 유럽에서 답에 이르는 실낱같은 실마리를 목격하고 붙들고 왔다. 하지만 그 길이 우리의 길은 아닐지도 모른다는 갑갑함과 무력감도 함께 얻어왔다.

국가나 정부 말고, 국민과 시민이 행복해야

이처럼 유럽이 경제적 성장에 걸맞은 행복한 사회로 간주되는 이유는 단순하고 명쾌해보인다. 그 나라의 국민과 시민의 일상생활이 행복하기 때문이다. 그저 국가의 경제와 산업이 탄탄하고 정부의 정치력이 강력해서 행복한 게 아니다. 유럽의 시민들이 행복한 이유는 단세포적이고 속물적인 사고에 기대 그저 물질이나 외형에서 찾아서는 안 된다. 차라리 오래된 집, 마을, 길 같은 역사적 자산, 그리고 신뢰, 협동, 참여 같은 뿌리 깊은 사회적 자본에 일상과 평생의 삶이 뿌리와 바탕을 두고 있기 때문이다. 저녁노을이 질 무렵, 유럽의 오래된 마을로 접어들어 뒷골목을 천천히 걷다 보면 저절로 깨닫게 된다.

내가 아는 한, 유럽, 특히 독일, 오스트리아, 스위스 등 서유럽 국가들은 국가의 권력이나 정부의 방침이 감히 국민과 시민을 지배하지 않는다. 문화와 예술, 자유와 평화, 협동과 연대, 자주와 자립, 이타심과 공동체의식, 신뢰와 질서, 생태주의와 생명사상, 지역재생과 농촌보전 등이

유럽인들의 일상생활과 시민사회를 온통 지배하고 있다. 시민 스스로 끼리끼리 통치하고 있다. 민주적으로 서로가 서로를 자치하고 있다. 그렇게 정치, 경제, 산업, 사회, 문화, 예술, 교육 등의 영역에서 국가와 사회가 정상적인 패러다임과 공정한 시스템으로 작동하기 때문이다.

그러나 대다수 한국인은 그렇지 않다. 한국에서 한국인으로 사는 게 불운하고 불행하다고 느낀다. 한국에서 태어나고 자라고 먹고사는 게 불안하고 불쾌하다. 재수 없고 위험하다고 느껴질 때도 적지 않다. 굳이 5.18과 세월호 등 현대사의 비극을 들먹이지 않더라도 '위험사회, 절망사회'의 세계적 수준의 표본이 바로 한국이 아닐까 의심되는 조사 보고나 연구 결과도 적지 않다. 아닌 게 아니라, 한국인의 삶의 만족도는 OECD 회원국 중 최하위권이다. 자살률, 노인빈곤율 등은 부동의 1위다. 그러니 결코 반사회적인 주관이나 일시적인 감상적 기분에 따라 하소연하는 게 아니다. 객관적으로 처해있는 한국사회의 현실이 그렇다.

무엇보다 한국인은 서로를 믿지 않는다. 친구나 이웃도 쉽게 믿을 수 없다. 그래서 서로 협동하거나 공유하지 않는다. 사회적, 정치적 연대가 이루어질 리 없다. 걸핏하면 좌와 우, 보수와 진보로 자꾸 편을 가른다. 남과 북, 경상도와 전라도, 강남과 강북이 자꾸 금을 긋고 벽을 쌓는다. 사용자와 노동자, 선생과 학생, 갑과 을이 서로 반목하고 질시한다. 그래야 겨우 나 혼자라도 안심하고 먹고살 수 있다는 이기심이 작동한다. 친구나 동지는 내가 아쉬울 때 어쩔 수 없이 필요하다. 그렇게 살다 보니 한국인은 힘들 때 의지할 친구나 동료 하나 없다.

민주주의 법치국가라면 국가와 정부가 응당 짊어져야 할 책임과 의무는 온통 개인과 가계에 떠넘겨져 있다. 대개 등이 휠 것 같은 무게라 개인이 감당할 수 없는 것들이다. 대의정치와 민주주의는 시정잡배들로부터도 조롱당하고 능멸당하고 있다. 일상생활에서 불법과 반칙이 얼마든지 승소할 가능성이 있다. 공기인 언론과 방송도 사사롭게 얼마든지 소유하고 활용할 수 있다. 전문가와 장인은 없고 사이비와 얼치기만 난무한다. 친일파와 독재자의 후손이 되려 도덕과 정의를 가르치고 노래한다. 양아치와 모리배가 사회지도층 완장을 차고 나와 광장과 대로를 장악하고 있다. 거짓말과 모함도 떼를 지어 우기면 진실로 인정되는 경우가 다반사다.

'불량사회 한국'의 '불행한 한국인들'을 어떻게

이렇게 한국 사회에서 정신은 잿빛으로 타락하고 물질만 금빛 찬란하다. 공공성과 공동체는 소멸하고 이기주의와 패거리만 득세한다. 무기력증과 모멸감과 복수심이 일상을 지배한다. 신자유주의 천민자본주의의 완전무결한 표본이다. 그래서 불량한 한국은 곧 '불행한 사회'다. 참 살아가기에 '나쁜 나라'다. 문제는 더 이상 한국, 한국인에게 남은 시간이 많지 않다는 사실이다. 자칫 보수도 진보도, 남과 북도, 노인과 청년도, 남과 여도 모두, 공멸 직전이라는 사실이다.

그래서 우리는 더 이상 '가만히 있으면' 안 된다. 상부에서 시키는 대로 가만히 있으면 다 죽는다. 이제 각자 있는 자리에서, 더 기죽지 말고, 불량사회 한국, 불행사회 한국의 병인과 치부를 보는 대로 낱낱이 고발하고 고자질하는 것부터 시작해야 한다. 일단 '불량한 정치'가 한국인들을 우울하고 불행하게 만드는 만병의 뿌리이자 만악의 출발이다. 시대착오적으로 여전히 독재자의 향수에 취해있는 일부 지역패권세력들, 시정잡배나 장사꾼들의 패거리나 동아리 같은 정당, 국회의원을 완장이나 감투로 착각하는 국회, 갑질이 주요업무이자 주특기인듯한 행정, 무소불위의 신처럼 군림하려는 검찰, 토건 토호들에게 장악당한 지방자치 등부터 먼저 손 봐야 한다.

'불공정하고 부실한 경제'는 약한 사람들을 자꾸 죽인다. 재벌은 기업이 아니라 일개 가족의 구멍가게로 전락하고 있다. 애초 상품이 될 수 없는 부동산은 여전히 최고의 유망상품이자 축재수단이다. 돈 놓고 돈 먹는 고리대금업 수준인 금융도 마찬가지다. 국민의 식량기지 농업과 농촌도 매판 장사꾼과 외세의 차지가 되고 있다. 노동자는 회사에서, 상인은 시장에서, 심지어 학생은 학교에서 자본에게 축출당하고 있다.

'불안하고 불의한 사회'는 점점 위험해지고 있다. 전인을 키워야 할 학교는 시험꾼을 양산하는 암기학원과 다르지 않다. '사람으로서 잘 먹고 잘사는 방법'이 아니라 '친구와 싸워 이기는 법'만 가르치고 있다. 복지를 적선이나 구걸이라 칭하며 낙인효과를 찍으려는 자들이 복지예산을 주무르고 있다. 일반 시민이나 응원단이 없이 소속 코치와 운동선수끼리만 그들만의 리그를 펼치는 시민운동도 안타깝다. 마을이나 공동체의 깃발이 난무하는 난민촌 도시는 결국 마을이나 공동체가 될 수 없다. 최저생계비도 못 버는 늙은 농부들만 무성한 농촌은 농촌이 아니라 농장의 모습이다. 마을은, 공동체는, 시민사회는 만드는 게 아니다. 서로 살려서 더불어 사는 곳이다.

'불쾌한 블랙리스트 문화' 때문에 기분은 더욱 우울하고 불행하게 느껴진다. 이제 사람들은 책은 읽지 않는다. 책 속에 길이 없다는 걸 알아버렸다. 나쁜 예술, 나쁜 문학도 힘이 세면 용서를 받는다. 역사도 역사를 잘 모르는 정부가 마음대로 생산하고 공급하는 시스템이 되었다. 언론도 소통과 진실을 잘 모르는 정부의 차지가 되었다. 기후나 환경이 나빠지면 더욱 불행하게 죽을 수도 있다.

본디 무엇보다 국가에서 국민으로 살아가는 일은 힘겨운 일이다. 국민의 의무는 다하는데 내 몫의 권리는 찾을 수 없는 난데없는 봉변과 불운이 다반사다. 도시의 주거지 주변에선 억울하고 야속한 사건과 사고도 빈발한다. 결코 내 잘못이 아닌 경우, 그냥 모른 척, 슬쩍 피해갈 수 없는 경우가 적지 않다. 참 불편하고 어려운 소시민의 일상이 매일 무한 반복된다. 적자생존, 약육강식의 몹시 조심스럽고 두려운 극한의 생존환경이 눈앞에 가득 펼쳐진다. 국가는 야생의 정글, 도시는 사각의 링 같다. 내가 태어나 살고 있는 운명의 조국 한국은 그 표본이다.

십수 년 전 도시와 국가로부터 벗어나 자발적으로 하방한 이유다. 이후 그저 마을에서, 마을사람으로 살아가고 싶었던 이유다. 하지만 그조차도 마음대로 되지 않았다. 마을에 내려가 살아도 국가로부터, 한국으로부터 벗어날 수 없었다. 이제 좀 벗어나고 싶다. 한국에서 사는 한국인으로서도 얼마든지 행복해지고 싶다. 단 하루만이라도 '사람 사는 세상'에서 살고 싶다. '불량사회 한국, 불행사회 한국'에서 탈출할 수 있도록 인도하는 매뉴얼이 시급하고 절박한 이유다.

대안사회는 '사회적 자본'과 '사회 안전망'으로

무엇보다 현대 신자유주의, 천민자본주의의 표본이자 신식민지 반봉건사회 같은 '헬조선' 한국에서 마을이나 공동체는 해묵은 난제다. 한국사회의 평균적인 시민들은 오로지 '먹고사는 문제'·'안전하게 사는 문제'에 진력하고 매진하느라 남을 돌보거나 보살필 시간도, 여유도 거의 없다. 그런 처지와 형편에서 마을공동체사업이나 사회적 경제를 시작하거나 참여하는 건 실로 어려운 일이다. 마음은 있어도 몸이 잘할 수 없다.

특히 생업과 생활의 공간이 분리, 격절된 도시에서는 일상의 대부분을 생업 현장에서 탕진하느라 삶의 터전인 마을은 그저 숙소 또는 수용소의 모양과 기능으로 전락하고 있다. 그래서 마을이나 공동체사업현장에 가서 속을 들여다보면 세 부류의 사람들만 유독 눈에 띈다. 마을공동체사업을 생업 삼아 하는 전문 활동가, 어쨌든 '먹고 살 만한' 이른바 중산층들, 그리고 다른 기회나 대안이 차단된 이른바 '삼포세대'의 청년들이다. 정작 마을공동체의 주력으로 참여하고 활동해야 할, 공동체의 돌봄과 보살핌이 절실한 중하위 계층의 주민들, 시민들은 잘 보이지 않는다. '먹고사는 일터'에 오로지 매달려 있기 때문에 마을공동체를 기웃거릴 시간도, 힘도 없다.

그런 주민, 시민들과 함께 공동체사업을 모두 함께, 잘하려면 법, 제도, 정책을 개발하기 전에, 공동체 사업계획서를 쓰기 전에 먼저 해야 할 일이 있다. '먹고 살아야 한다'는 강박증, 두려움, 공포심으로부터 주민과 시민들은 우선 해방해줘야 한다. 그러자면, 먹고사는 전장의 경쟁 상대인 이웃을, 친구를, 타인을 서로 믿지 못해 공동체에 다가가지 못하는 것이니, 우선 서로 믿고, 서로 약속한 규범을 잘 지킬 수 있도록 '사회적 자본'부터 키우고 공유해야 한다.

그리고 국가나 정부가 시민과 국민을 돌보고 보살피지 않아서, 내가 스스로와 처자식까지 돌보고 보살피느라 남 따위는 쳐다볼 여유나 이유가 없으니, 그래서 나도, 너도, 우리 모두 불안하고 위험하니 튼튼한 '사회안전망'부터 구축해야 한다. 기본소득제로 상징되는 '사회안전망'이 일단 구축되면, 공동체 구성원마다 서로 믿고 남을 도울만한 생활의 여유가 생겨 신뢰, 협동, 연대, 규범, 네트워크 같은 '사회적 자본'은 저절로 생성, 축적될 것이다. 그런 사회적 자본이 만들어지면 마을공동체는, 사회적 경제는 누가 시키지 않아도 저절로 발생하고 진화할 것이다. 지금처럼 국가나 정부가 마치 생색내듯 돈 몇 푼씩 나눠주며 훈련하듯 다그치거나 감독하거나 평가하지 않아도 자생적으로, 자조적으로, 자치해나갈 것이다.

그러니까 1단계로 사회안전망(무상교육, 무상의료, 사회주택, 고용안정, 기본소득 등), 2단계로 사회적 자본(생활기술 학교, 공유재 은행, 협동경영 조합, 공동체융합 플랫폼 등), 3단계로 법·제도·정책(마을공동체, 사회적 경제, 커뮤니티 비즈니스, 도시재생, 귀농 등)의 순서와 단계로 '공동체사업'의 설계도와 추진전략도 새로, 다시 그릴 필요가 있다. 앞으로 수십 년이 걸리든, 수백 년이 걸리든, 그 길이 '불량사회 한국, 불행사회 한국'에서 탈출, 마침내 '사람 사는 마을공동체'로 들어가는 옳고 바른 외길로 보인다.

'사회적 자본'과 '사회 안전망'은 유기적 연대로부터

그런데 무엇보다 그러한 '사회적 자본'은 저절로 만들어지지 않는다. 가르치고 훈련해서 생산하고 축적하는 것도 한계가 있을 것이다. 한국의 근현대사를 돌이켜보면, 일제 식민지배를 감당하느라, 동족상잔의 내전을 치르느라, 군사독재의 폭압에 시달리느라, 국가나 정부가 미처 국민을 돌보고 보살필 겨를이 없었다. 그저 국민 개인이 저마다 알아서 가족을 돌보고 가계를 책임지느라 이웃과 타인을 돌보고 보살피는 '공동체 정신'을 갖출 기회도 여유도 없었다. 그래서 나도, 너도, 우리 모두가 불안하고 위험한 이기주의자로 전락하고 말았다.

국가와 정부는 어두운 과거의 그 시행착오를 되풀이 하지 않으려면 '사회안전망'부터 구축해야 한다. '사회안전망'이란 '모든 국민을 실업, 빈곤, 재해, 노령, 질병 등의 사회적 위험으로부터 보호하기 위한 제도적 장치'를 말한다. 사회보험과 공공부조 등 기존 사회보장제도에 공공근로사업, 취업훈련 등을 포괄한다. 모든 사회적 위험에 대한 '포괄성'과 사회구성원 모두에게 적용되는 '보편성'을 실현하고 '국민복지기본선[National Welfare Minimum]'을 보장하는 게 목적이다. 즉 주거, 의료, 생계보호, 보육, 복지시설 서비스 등 복지욕구 전반에 걸쳐 국가가 공적 사회보장제도를 통해 일정수준 이하인 기존 제도의 급여를 기본적인 선으로 끌어올려야 하는 책무다.

한국은 1·2·3차로 사회안전망을 구축하고 있는데, 1차 안전망은 일반국민을 대상으로 하는 공적연금, 건강보험, 산재보험, 고용보험, 노인장기요양보험 등 5대 사회보험이다. 2차 안전망은 1차 안전망에 의하여 보호받지 못하는 저소득층을 위한 공공부조로써 기초생활보장제도, 보완적으로 공공근로사업을 운용하고 있다. 3차 안전망은 재난을 당한 사람에게 최소한 생계와 건강을 지원해 주는 각종 긴급구호 제도가 있다.

그런데, 입구와 출구, 답과 끝이 잘 보이지 않는 공동체의 문제를 고민하고 걱정하다 보면 대체 왜. 가뜩이나 개별화, 파편화된, 힘없는 국민끼리 이런 난제를 붙들고 씨름을 하고 있나 의문이 들고 분노가 날 때가 있다. 기본적으로 '먹고사는 문제', '안전하게 사는 문제' 등 지금 공동체가 주로 고민하고 있는 어려운 문제는 알고 보면 국가나 정부가 '사회안전망'으로 보호하고 보장해야하는 기본적인 책임이나 의무가 아닌가. 혹 사회주의, 또는 사회민주주의 국가가 아니라는 핑계로, 결국 국가나 정부의 책임을 적당 조절하거나 면피하려고 협동조합 기본법이니, 지역공동체활성화법이니 하는 각종 공동체사업 지원 특별법, 제도까지 만들면서 국민, 시민, 주민에게 짐을 떠넘기는 모양새는 아닌가.

특히 유휴시설이 난무하는 농촌공동체, 법은 있되 자족 생태계와 시장동력은 없는 사회적기업, 협동조합의 형해화된 현장을 보면 그런 의심과 오해가 더 깊어진다. 결국, 재고 시멘트를 처분하느라 우발적으로 추진됐다는 1970년대 새마을운동처럼, 고도로 기획된 국가와 정부의 전략과 전술에 순진하고 무지한 국민이 정부의 전략에 말려 들어 간 것은 아닌가 하는 불신이 생기기도 한다. 그래서 공동체사업을 잘하려면 사회적 자본이 충분히 축적되어야 하고, 사회적 자본을 축적하려면 사회안전망부터 구축되어야 한다는 깨달음을 얻는다. 가령 기본소득제로 상징되는 '사회안전망'이 일단 구축되면, 공동체 구성원마다 서로 믿고 남을 도울만한 생활의 여유가 생겨 신뢰, 협동, 연대, 규범, 네트워크 같은 '사회적 자본'은 저절로 생성, 축적될 것이다.

그런 사회적 자본이 충분히 축적된 공동체는 자생적으로, 자조하고 자치해나갈 수 있을 것이다. 누가 시키지 않아도, 지금처럼 국가나 정부가 마치 생색내듯 공모 지원사업의 시혜를 베풀지 않아도, 훈련하듯 지도하고 감독하고 평가하지 않아도 능히 '남에게 먼저 양보하고 배려하는 사회적 분업, 유기적 연대'를 이루어낼 수 있을 것이다. 그래서 현대사회학의 아버지로 불리는 프랑스의 사회학자 에밀 뒤르켐Durkheim, E.은 대표저작 『사회분업론』을 통해 도시를, 도시의 '동네[Quartier]'를 '기계적 연대와 배제의 공간'으로 규정했다. 주민들이 어서 벗어나고 싶어하는 비정한 생활공간으로 생활 보다 생업이 우선되는 곳으로 비판했다.

6.2

마을의 사회적 자본

사회적 자본 없는 마을공동체는 유령

그림 6-2 홍성 홍동면 지역센터 마을활력소

오늘날 중앙 정부나 지자체를 가리지 않고 마을공동체 활성화 또는 재생 지원 사업이 유행이다. 그런데 성과는 만족스럽지 않다. 지원하기 이전에 놓친 게 있어 그렇다. 마을공동체나 지역사회를 되살리려면 법이나 정책, 보조금 예산 이전에 먼저 챙겨야 할 일이 있다. 그게 준비되지 않은 상태로 일을 벌이면 반드시 실패한다. 바로 '사회적 자본[social capital]'이다.

불행히도, 한국 사회는 국가나 지역단위를 불문하고 공동체의 재생과 활성화를 촉발하거나 공동체사업을 정상적으로 추진, 견인할 만한 사회적 자본이 부실하거나 부재하다. 신뢰, 협동, 연대, 참여, 규범, 네트워크 같은 혁신적 동력과 창조적 에너지가 충분하지 않다. 암울하고 불행한 한국의 근현대사를 되짚어보면 그 원인을 파악할 수 있다. 봉건 조선왕조, 일제 식민지배, 동족상잔의 전쟁, 군부독재 등의 반사회적 암흑기에 심신이 온통 매몰되었기 때문이다. 미처 사회적 자본을 생산하거나 축적할 기회를 얻지 못했던 것이다.

물론 계, 두레 등 농경사회의 전통적 유산, 심지어 새마을회 같은 국민운동단체나 바르게살기운동 같은 우익관변단체를 사회적 자본이라 우기는 반론이 없는 건 아니다. 하지만 과연 이 사회의 혁신에 얼마나 쓸모가 있는 사회적 자본인지 선뜻 동의하기 어렵다. 물론 여전히 잔존하고 있는 현실이 이해조차 되지 않는다.

특히 농촌지역의 사회적 자본 잠식 또는 파산 상태는 심각한 지경이다. 지난날 산업화, 공업화, 도시화를 향한 개발독재 경제 추진 과정에서 농촌지역의 인적 자본은 대거 도시로 이동했다. 폐농, 이농의 결과다. 이 무렵 전통적인 농촌 마을사회의 사회조직 또는 공동체조직이 와해되고 공동체 규범이 약화되었다. 이러한 인적 자본의 약화는 농촌마을과 지역사회의 지도력, 조직력 약화와 상실로 직결되었다. 농촌 지역사회 내부에 그나마 축적되었던 사회적 자본이 쇠퇴, 소멸되면서 농촌 지역사회의 활력과 동력은 훼손, 상실되고 만 것이다.

사회적 자본 말고 다른 편법은 없다

여기서 우리는 확인할 수 있다. 이른바 '마을만들기', '사회적 경제' 등 마을과 지역사회를 기반으로 한 공동체사업[Community Business]을 성공적으로 추진하기 위해서 무엇이 필요한지. 행정의 예산과 관심이라는 지원도, 주민의 의지와 학습이라는 자세도, 전문가의 경험과 역량이라는 기술도 다 아니다. 신뢰, 협동, 연대, 참여, 규범, 네트워킹 같은 사회적 자본[social capital]이 최우선 선결조건이다. 사업을 벌이는 마을과 지역사회 공동체 안에 충분히 내재·축적된 지역 고유의 사회적 자본을 가졌는지, 그걸 충분히 꺼내서 활용하고 있는지가 사업 성패의 열쇠라고 단언한다.

즉, 마을공동체 내부에 사회적 자본이 없다면 사업을 시작하지 말아야 한다. 마을공동체 구성원끼리 서로 긴밀하게 협력하고 연대하지 않는다면, 서로 신뢰하고 존중하지 않는다면, 더불어 배려하고 나누지 못한다면 마을공동체사업은 벌이지 말아야 한다. 용케 관의 특별한 관심과 지원으로 일을 시작한다 해도 시작부터 실패는 예정되어 있는 셈이다. 마을공동체 사업을 하려면, 스스로, 내발적이거나 자생적으로 마을공동체의 규범과 관계망을 형성하고 강화할 수 있는 자체 동력을 갖고 있어야 한다. 결국 마을·지역사회 공동체의 문제 해결과 지속가능한 발전에 기여하는 유·무형의 자산으로서 '사회적 자본[social capital]'이 바탕이 되고 전제되어야 한다. 그게 아니라면 마을공동체사업을 벌이면 안 된다.

그렇지 않아도 인적 자본, 물적 자본 등 여타 자본이 절대 부족한 농촌지역에서 어떤 일을 벌이기는 쉽지 않다. 하물며 신뢰와 협동 같은 사회적 자본의 중요성이야 두말할 필요도 없다. 따라서 농촌마을공동체 사업을 준비하는 마을주민들은 마을사업을 신청하기 전에, 우리 마을의 사회적 자본이 어떤 게 있는지, 얼마나 있는지, 어떤 쓸모를 지니고 있는지부터 냉정하게 조사하고 확인하고 정리해두어야 한다. 조사 결과가 만족스럽지 않다면 아쉽지만 마을공동체사업에 함부로 나서면 안 된다. 이장이나 마을 어른의 전횡을 말려야 한다.

그런데 거듭 말하건대, 한국의 근현대사를 거치면서 한국의 국민이라면, 도시에서든 농촌에서든, 학교에서든, 가정에서든, 사회에서든 공동체가 주체적으로, 창조적으로 사회적 자본을 배우고 축적할 기회나 시간이 많지 않았다. 신뢰와 협동보다 의심과 불신과 경쟁과 독단이, 규범과 네트워킹보다는 편법과 탈법과 위법과 이기주의가 국가와 사회를 운용하는 기본원칙과 질서로 통용됐기 때문이다. 다들 "부모님 모시고 처자식과 먹고살자니 어쩔 수 없었다"는 변명만 늘어놓고 죄의식과 수치심도 별로 없다. "나만 그런 게 아니다"고 오히려 따지고 드는 경우도 있다. 그래서 공동체를 지원한다는 이런저런 법과 제도를 만들기 이전에 농촌공동체 재생과 활성화에 요긴한 사회적 자본부터 새로, 충분히 발굴, 개발, 육성, 축적해야한다. 늦었지만, 어렵지만, 다른 편법이나 꼼수는 없다.

'결합[Bonding]'보다 '연결[Bridging]'과 '관계[Linking]'를

무엇보다 농촌공동체 사회적 자본의 생산과 개발을 촉발시킬 동력은 인적 자본, '사람'일 것이다. 특정 지역 내부, 일부 집단 사이의 폐쇄적, 배타적, 고립적 '결합[Bonding] 사회적 자본'은 그 지역 내부, 일부 집단 사이에서는 중요하겠지만, 자칫 자충수나 족쇄가 될 수 있다. 오히려 외부와 교류, 공생, 외연의 확장에 장애나 방해가 될 수도 있다. 따라서 '결합[Bonding]' 사회적 자본보다는 우리와 다른 지역, 우리와 다른 외부인 등과 열린 생태계에서 상호호혜적으로 소통하고 협업할 수 있도록 '연결[Bridging] 사회적 자본'과 '관계[Linking] 사회적 자본'의 플랫폼과 네트워크 구축에 힘쓰는 게 필요하다.

미국의 사회학자 로버트 퍼트넘도 결합[Bonding] 사회적 자본은 또래, 같은 인종, 같은 종교와 같은 사회화 과정에 동일한 특성들 사이에 생겨나는 사회적 자본으로 규정했다. 미국과 같은 다인종 사회에서 평화로운 사회를 만들기 위해서는 다른 사회적 자본, 즉 연결[Bridging] 사회적 자본이 필요하다고 강조했다. 오늘날 계층갈등, 문화갈등, 지역갈등 등의 양극화 적폐가 산적한 한국도 남의 나라 일이 아니다.

그렇다면 우리 농촌지역의 사회적 자본은 구체적으로 어떤 모습으로 작동하는가. 과연 어떤 에너지를 지니고 어떤 효과를 발산하는가. 한국농촌경제연구원 정기환 연구위원은 "농촌지역사회 내의 공식적·비공식적 사회집단 또는 구조 속에 존재하면서 사회적 관계를 통하여 집단에 속한 개별 구성원이나 집단이 추구하는 이익이나 목표 달성을 촉진할 수 있는 능력"을 농촌지역 사회적 자본으로 정의한다. 구체적으로 사회집단이나 사회구조 속에서 사회의 구성원들이 사회적 상호 작용으로 행하는 사회적 교환과 보상, 협동, 경쟁, 그리고 갈등 해소 메커니즘 등이다.

무엇보다 다행히도, 한국의 전통적 농촌지역 마을공동체에서는 연대적(결합, Bonding) 사회적 자본 못지않게 교량적(연결, Bridging) 사회적 자본 또한 높게 나타난다고 평가한다. 이는 마을 사회집단의 연대 의식이 높고 사회집단 간 협동적 관계가 원만하게 지켜진다는 사실을 의미한다는 것이다. 그러나 정 연구위원은 "농촌지역 마을개발을 위한 정부의 각종 지원정책이 시행되면서 마을의 한정된 자원 이용, 개발사업 참여 여부 및 정도, 이익 분배, 개발의 주도권 등을 둘러싸고 마을공동체 및 지역사회 내부에서 반목과 갈등이 표출되고 있다"는 문제점을 지적하고 있다. 가령 정부 지원 농촌지역개발사업의 경우, 마을 주민 총회, 개발위원회, 추진 및 운영위원회 등의 의사결정기구에서 충분한 논의를 거쳐 합의 및 총의에 이른 후, 주민 의사가 반영된 내발적이고 상향식의 주민 주도 계획에 의거해 추진하는 게 바람직하다는 것이다. 이때 마을 주민 총회 등 주민 의사결정기구는 퍼트넘 등이 강조한 교량적[Bridging] 사회적 자본을 형성, 확충해주는 장치이자 메커니즘으로 작동하는 것이다.

아울러 농촌지역개발의 핵심 주체인 정부와 주민 사이의 파트너십, 지역사회 단위의 협력체제(지자체, 기업, 대학, 연구소, 전문가 등)를 강화할 필요도 있다. 특히 정부, 주민, 전문가 등 이른바 마을공동체사업의 핵심 3주체가 참여, 교육, 컨설팅 등을 통해 농촌마을공동체의 계획 및 개발에 필요한 사회적 자본을 생산하고 공급하는 중간지원조직의 구축도 절실하다. 농촌지역의 공동체사업의 주체가 될 '민주시민'을 교육하고 훈련하는 중간지원조직이 사회적 자본을 개발하고 생산하고 공급하는 '사회적 자본의 발전소'의 역할을 수행할 수 있을 것이다.

'사회적 자본 발전소'를 지역마다 세우자

농촌에 살기도 어렵고, 농촌을 살리기도 어렵다. 농촌을 살려보려고 벌이는 온갖 마을공동체사업 현장은 마치 여러 시행착오와 오류의 집하장 같다. 당초 정책의 목표와 기대에 미치지 못하는 사례가 흔하다. 일단 정책모델의 설계 오류라는 태생적 병인을 지적하지 않을 수 없다. 삶과 일이 하나 되는 주민의 생활 터전인 순정한 농촌을 외부인의 구경거리인 관광지나 공원처럼 훼손하고 개조한 결과다. 마을과 공동체를 잘 모르는 토건개발자 등 외부 용역업자들이 선무당 악역을 도맡아 사업을 추진한 것도 화근이다. 그렇다고 정책의 선의까지 의심하자는 건 아니다. 농민들이 연 1,000만 원의 농사소득으로 먹고살지 못하니 농외소득을 따로 창출해 소득을 보전해주려 했을 것이다. 그래도 얼마든지 불행한 결과가 예측 가능했던 사업과 사례지가 적지 않아 아쉽고 안타깝다.

농촌지역 개발, 사회적 경제 등이 농촌공동체의 활성화와 지역사회의 재생을 위한 유력한 도구이자 방법이라는 점은 부인하지 않는다. 하지만 실질적이고 유의미한 성과를 얻으려면 미처 몰랐거나 미뤄뒀던 숙제를 하나 풀어야 한다. 거듭 강조하지만, 행정의 추가 지원도, 주민의 역량 강화도, 전문가의 자격 인증도 결코 아니다. 정책이나 제도의 기본적인 개념과 패러다임부터 크게 수정하고 혁신해야 한다. 새로운 사업은 타당한 입구전략부터 다시 세워놓고 일을 벌여야 한다. 이미 벌어진 사업의 시행착오와 오류는 합리적인 출구전략으로 어서 빠져나와야 한다.

입구나 출구는 모두 '사회적 자본[social capital]'으로부터 시작한다. 사회적 자본의 보유 여부와 활용 정도가 사업 성패의 열쇠를 쥔 셈이다. 단순히 법·정책·제도의 문제로만 고민하지 말라는 얘기다. 마을주민 서로, 그리고 주민·행정·전문가 등 이른바 '마을공동체사업 3주체'끼리 사회적 자본을 바탕으로 유기적인 사회적 관계를 먼저 구축해야 한다. 마을과 지역사회 공동체 내부에 '신뢰·협동·연대·참여·규범·네트워크' 같은 사회적 자본을 넉넉하게 생산, 비축해둬야 한다. 따라서 계, 두레 등 기존의 유명무실한 전근대적 전통 사회적 자본 말고, 현대적이고 미래지향적인 농촌형 사회적 자본을 새로 생산·발굴·개발·육성·축적해야 한다. 이때 농촌공동체 내부만의 폐쇄적·배타적·고립적 '결합[Bonding] 사회적 자본'으로는 부적절하다. 오히려 공동체 이기주의로 인한 갈등·반목 등의 부작용과 폐해만 야기할 위험이 있다. 사회적 자본도 밖으로 나가 타인이나 외부와 기꺼이 공유해야 한다.

그러자면 '연결[Bridging] 사회적 자본'과 '관계[Linking] 사회적 자본'에 집중적으로 투자해야 한다. 미국의 사회학자 로버트 퍼트넘도 다인종 사회가 평화롭게 유지되려면 연결 사회적 자본 등 다른 사회적 자본이 필요하다고 강조했다. 이에 인적 측면에서 '지역사회 생활기술 직업전문학교', 물적으로 '유휴시설 지역공유 사회적 경제 자산은행', 조직적으로 '지역단위 공동체사업 협동·연대경영체', 플랫폼으로는 '마을공동체·사회적 경제 융합 중간지원조직'이라는 4대 사회적 자본 발전소 입구 및 출구 전략을 제안한다. 이때 '농민 기본소득' 같은 '사회안전망[social safety net]' 전략이 선행·병행되면 효과는 더 확실해진다.

6.3

마을의 사회안전망

'안전하게 먹고 살아야' 서로 믿고 돕는다

그림 6-3 농민기본소득 선거공약. 최근 기초지자체들에서 기본소득을 조례로 정하려는 노력이 일고 있다.

'사회적 자본[social capital]'과 사회안전망[social safety net]도 없는 상태에서 공동체는 존속할 수 없다. 사상누각이거나 허상이다. 지속가능성은 가당치도 않은 욕심이다. '사회적 자본'의 비무장 상태로, '사회 안전망'의 무방비 상태로 준비하고 추진하는 모든 공동체사업은 사기이거나 거짓말이다. 대부분의 일반적, 평균적 능력과 품성의 주민, 시민들은 오로지 '먹고사는 문제', '안전하게 사는 문제'에 일상과 평생을 집중하고 진력해야 하는 절박한 숙명에 처해있다. 제 몸 하나 건사하기 어려운데 이웃과 타인, 공동체를 챙길 여력이 있을 리 없다. 과연 하루하루 벌어서 먹고살기도 힘겨운데, 언제 직장에서 밀려나고 쫓겨날지도 모르는 처지에 이웃과 타인을 배려할 수 있을까. 설사 마음은 있다 해도 몸이 따라 할 수 없는 일이다.

'공동체[community]'의 사전적 의미는 '공통의 생활공간에서 상호작용하며, 유대감을 공유하는 집단'을 뜻한다. 학술적으로는 독일의 사회학자 퇴니에스Ferdinand Töennies의 공동사회[Gemeinschaft] 즉, 혈통, 장소, 정신적 차원 등을 속성으로 하는 총체적인 공동체를 말한다. 이때 공간, 상호작용, 연대가 공동체의 핵심 요소로 작용한다. 특히 현대사회에서는 혈연공동체나 지연공동체 같은 전통적인 공동체들을 규정하는 공간의 중요성이 약화되고 상호작용과 연대를 중심으로 다양한 형태의 공동체적 집단들이 등장했다. 한국도 20세기에 식민통치, 한국전쟁, 산업화를 경험하면서 새로운 사회환경의 가치에 부합하는 공동체들이 만들어지고 있다.

현대사회학의 아버지로 불리는 프랑스의 사회학자 에밀 뒤르켐Durkheim, E.은 대표적 『사회분업론』을 통해 도시를, 도시의 '동네[Quartier]'를 '기계적 연대와 배제의 공간'으로 규정했다. 주민들이 어서 벗어나고 싶어 하는 비정한 생활공간으로 생활 보다 생업이 우선되는 곳으로 비판했다. 여기서 '기계적 연대'란 '사회의 모든 성원이 공통된 관념에 따라 행동하며 전체의 공통의식이 개인의 의식을 압도하고 지배하는 사회적 결합 상태 또는 사회적 관계'를 말한다. 현대 자본주의의 구조악이 함축된듯한 비인간적인 도시의 동네 같은 곳이다. 그래서 개인 간 연대의식이 '기계적 연대'에서 '유기적 연대'로 옮겨가야 한다고 주장했다.

'유기적 연대'는 '사회 발전에 따라 사회 성원 사이에 기능적 분화와 분업이 촉진되어 상호 의존성이 강화되면서 생기는 사회 연대'의 상태를 말한다. "전통사회에서는 집단 지향적인 기계적 연대가 필요했지만 근대사회에서는 개인의 존엄성을 바탕으로 한 호혜적 연대, 유기적 연대가 등장하게 됐다"고 뒤르켐은 설명한다. 그런데 "분업이 지나치게 발달해서 개인이 일정 수준 이상으로 전문화하면 어느 순간부터는 타인과 서로 의존상태에 있다는 사실을 인식하지 못할 수도 있다"고 사회적 병리 현상 같은 부작용을 경고했다. 이러한 병리 현상을 '아노미적 분업'이라고 정의하고 노사 갈등, 기업 파산 등을 그 예로 들고 있다. 그래서 뒤르켐은 "무엇보다 사회 결속력 유지에 필요한 규제를 보장해야 한다"며 "우리 스스로 산업 사회에 어울리는 새로운 도덕률을 만드는 일에 나서야 한다"고 제안했다.

"먹고 살아야 한다"는 두려움과 공포를 선결해야

어쨌든 개인이, 또는 개인들의 집단이 기계적 연대를 벗어나 유기적 연대로 옮겨가는 일도 쉬운 일이 아닌듯하다. 그래서 공동체사업에 공동체의 구성원들이 모두 함께, 참여하고 '유기적 연대'의 경지로 옮겨가려면 각종 지원사업을 개발하고 공모하기 전에 우선 선결과제가 있다. '먹고 살아야 한다'는 강박증, 두려움, 공포심으로부터 주민, 시민들은 자유로울 수 있도록 해방해줘야 한다. 그럴 수 있도록 국가와 정부가 법을 제정하고 제도와 정책을 개발하고 예산을 집행해야 한다. 그러자면 '먹고사는 전장'의 경쟁 상대인 이웃을, 친구를, 타인을 더 이상 경계하지 말고 서로 믿을 수 있도록 해야 한다. 남에게 먼저 양보하고 우선 배려할 수 있도록 해야 한다. 신뢰, 협동, 연대, 참여, 규범, 네트워크 등의 '사회적 자본'부터 키울 수 있도록 해야 한다.

그런데 그러한 '사회적 자본'은 저절로 만들어지지 않는다. 가르치고 훈련해서 생산하고 축적하는 것도 한계가 있을 것이다. 국가나 정부가 국민을 충분히 돌보고 보살피지 않아서, 국민 개인이 저마다 알아서 가족을 돌보고 가계를 책임지느라 이웃과 타인을 돌보고 보살피는 '공동체 정신'을 갖출 기회도 여유도 없었다. 그래서 나도, 너도, 우리 모두가 불안하고 위험해졌으니 국가와 정부가 '사회안전망'을 구축해야 한다.

'사회안전망'이란 '모든 국민을 실업, 빈곤, 재해, 노령, 질병 등의 사회적 위험으로부터 보호하기 위한 제도적 장치'를 말한다. 사회보험과 공공부조 등 기존 사회보장제도에 공공근로사업, 취업훈련 등을 포괄한다. 모든 사회적 위험에 대한 '포괄성'과 사회구성원 모두에게 적용되는 '보편성'을 실현하고 '국민복지기본선[National Welfare Minimum]'을 보장하는 게 목적이다. 즉 주거, 의료, 생계보호, 보육, 복지시설 서비스 등 복지욕구 전반에 걸쳐 국가가 공적 사회보장제도를 통해 일정 수준 이하인 기존 제도의 급여를 기본적인 선으로 끌어올려야 하는 책무다.

그런데, 입구와 출구, 답과 끝이 잘 보이지 않는 공동체의 문제를 고민하고 걱정하다 보면 대체 왜. 가뜩이나 개별화, 파편화된, 힘없는 국민들끼리 이런 난제를 붙들고 씨름을 하고 있나 의문이 들고 분노가 날 때가 있다. 기본적으로 '먹고사는 문제', '안전하게 사는 문제' 등 지금 공동체가 주로 고민하고 있는 어려운 문제는 알고 보면 국가나 정부가 '사회안전망'으로 보호하고 보장해야하는 기본적인 책임이나 의무가 아닌가. 혹 사회주의, 또는 사회민주주의 국가가 아니라는 핑계로, 결국 국가나 정부의 책임을 적당 조절하거나 면피하려고 협동조합 기본법이니, 지역공동체활성화법이니 하는 각종 공동체사업 지원 특별법, 제도까지 만들면서 국민, 시민, 주민에게 짐을 떠넘기는 모양은 아닌가. 이제, '사회적 경제 기반의 농촌 마을공동체사업'의 정책 설계도와 사업 추진전략을 새로, 다시 그려야 하는 이유다.

농민은 농업경제가 아닌 사회복지로 보살펴야

한국의 농민들은 거의 중소농이거나 영세농으로 분류된다. '돈 버는 농업', '부가가치가 높은 선진농업'이라는 농업경제학의 전략과 방식으로는 일부 기업형 부농을 제외하고 대다수 농민의 경제사정이나 생활환경을 개선할 수 없다. '먹고사는' 두려움과 공포를 해소할 수 없다. 중소농, 가족농 중심의 생계형 영세농업 구조에 바탕을 둔 우리 농업의 현실에 기업농 중심의 상업적 농업은 부적절하다. 부당하다. 그래서 서로 협동하고 연대하는 협동조합으로 '먹고사는 두려움과 공포'를 서로 의지하고 덜어주는 공동체농업이 거의 유일한 대안이다.

무엇보다 우리 농촌은 단순한 생산의 공간이라기보다 생활의 공간으로 인식의 전환을 하고 바라볼 필요가 있다. 그리고 농민을 단순한 경제활동 인구로서보다 사회복지의 수혜 대상으로 바라볼 필요도 있다. 그러자면 농정의 패러다임이 전업농 육성 위주의 '돈 버는 농업' 상업화, 규모화 패러다임에서 가족농·중소농 중심의 '사람 사는 농촌' 중심 패러다임으로 전환되어야 한다. 따라서 '중소농·가족농 중심'의 농업정책은 소득 중심 농업경제학의 시각으로 접근하면 안 된다. 농민 기본소득 등 기초생활 보장제, 직불제 등 농가 소득 보전, 보건, 주거 등 사회안전망, 영농협동조합 등 사회적 경제 등을 중심으로 사회 복지 측면에서 바라보아야 한다.

일단 농부들이 마음 놓고 농사일에 전념할 수 있도록, 아이들의 돌보고 가르치는 '교육복지'부터 공공이 책임져야 한다. 마을공동체가 함께 책임질 수 있도록 지원해야 한다. 무엇보다 한국의 농어촌 지역은 단순한 산업 구조와 농업·농어촌의 비전 상실 때문에 농어촌 지역 학생들이 농업 · 농어촌에 대한 자긍심을 갖기 어렵다. 농어촌 지역의 특성상 진로 및 직업 체험의 기회가 적은 농어촌 학생들에게 진로에 대한 풍부한 전망을 하도록 지도하고 지원할 필요가 있다. 또 마을·지역공동체 재생과 활성화를 위해 학교는 지역의 협동이 강조되는 이른바 '지역사회학교'로 자리매김할 필요가 있다. 학교는 지역주민들에게 평생교육을 제공할 수 있어야 한다.

이때 "우리 아이들의 교육은 우리 마을에서 책임지겠다"는 주체 의식과 학교와 지역 간의 긴밀한 협동과 연대가 필요하다. 지역의 가용한 인적 자원과 물적 자원을 최대한 활용해 최선의 교육서비스와 돌봄서비스가 제공될 수 있도록 해야 한다. 학교와 마을이, 학생과 선생, 그리고 마을주민들이 서로 배우고 가르치며, 돌보고 보살피는 '마을교육공동체'를 건설해야 한다. 가령 학교협동조합을 통해 "학생들이 나만이 아닌 다른 사람을 배려하는 방법, 다른 사람들과 효과적으로 소통할 수 있는 법, 기업가

정신, 민주시민으로서의 자질을 배우며 협동의 정신과 더불어 자립성을 키울 수" 있도록 지원해야 한다.

'농민 의료복지'도 공공이 책임져야 한다. 일단 농촌지역에는 제대로 현대화된 시설과 인력을 갖춘 병·의원이 거의 없다. 일반적으로 몸이 불편한 노인환자가 직접 인근 도시까지 차를 타고 나와 통원치료를 받아야 하는 경우가 많다. 지방 도시의 농촌지역 접경구역의 길목마다 농촌에서 몰려오는 노인환자를 호객하는 사설병원들이 다투듯 몰려있다. 특히 농촌에서 밭일 등 궂은일을 도맡아하는 여성농민들이 걱정이다. 심신이 고달픈 일상을 평생 살아야 하니 스트레스성 질환, 또는 울화병을 안고 산다. 경제적 여유도, 시간적 여유도 없고, 자신의 몸을 사랑할 여유도 없다. 농업인재해보장법 등 국가와 법의 보호도 제대로 받지 못한다. 그래서 농촌에는 제 나이보다 몸이 훨씬 일찍 늙어버린 여성 농민들이 적지 않다.

농촌 지역 사정에 맞고 농민의 형편에 맞는 공공 의료시스템이 구축되어야 한다. 돈이 안되는 농촌지역에 생길 리 없는 사설의료법인을 대체할만한 수준의 보건소 등 공공의료기관이 현대화되고 선진화되어야 한다. 산부인과 의사는 물론, 고된 농사일 때문에 근골격계 질환을 많이 앓는 농민들에게 절실한 한의사나 물리치료사도 확충되어야 한다. 고령화된 농민들은 위해 응급의료체계도 강화되어야 한다.

아울러 '마을 양로원'을 마을마다 꾸리자. 농림부가 시범사업으로 추진하다 중단한 '농촌고령자 공동시설지원' 사업을 본격화하자. 특히 공동생활 주택은 홀로 사는 농촌지역의 노인이 쓸쓸히 죽음을 맞는 이른바 고독사'를 방지하려는 정책목적으로 시작된 것이다. 농림부와 보건복지부가 손을 잡고 독거 노인의 고독사·자살을 예방하려는 차원이었다.

오늘날 우리 농촌은 고령화, 공가, 독거노인 등으로 마을공동체 구조가 갈수록 악화되고 있다. 저출산 고령화 사회의 위기와 폐해를 사전에 방지하고 대처하기 위해 농촌 주거구조의 집단화, 현대화, 공동주택화는 더 미룰 수 없는 과업이다. 지금 농촌마을에서 가장 필요한 지원사업은 단연 '마을 양로원'이라고 생각한다. 외부 관광체험객의 구경거리나 놀이터를 만들어주는 토건사업 말고, 내부 원주민의 생활을 보살피는 복지사업이 더 필요하다. 농촌마을의 노인들은 살던 마을에서, 정든 이웃들과 마음 편하게 노후와 여생을 지내고 싶다. 그리고 고독한 노인이 되지 않을 사람은 이 세상에 아무도 없다. 먼 미래의 일도, 남의 일도 아닌 것이다.

농민과 노동자의 사회적 연대로 사회안전망을

한국 현대사의 경제발전은 한마디로 농민과 농촌의 희생 위에 이룩된 것이다. "미국잉여농산물의 도입으로 저농산물 가격정책을 견지하고, 저노임을 기초로 한 가공수출의 증대로 수입재원을 확보"한 것이다. 오로지 농민의 희생과 노동자의 희생을 담보로 한 것이다. 그 과정에서 농민과 노동자를 철저히 이간질하고 격리해놓았다.

따라서 농민의 문제는 농민에게만 귀책되거나 해당되는 문제만이 아니다. 노동자의 문제, 도시민의 문제, 국민의 문제다. 더욱이 고작 5%정도의 존재감만 겨우 잔존한 우리 농촌의, 농민에 의한, 농업을 위한 한계농정, 고립농정으로 농정의 문제는 해결할 수 없다. 노동자를 비롯한 나머지 95% 도시민, 국민이 함께 협동하고 서로 연대해야 한다. 그래야 생산자로서 농민은 소비자인 노동자(도시민)의 생명을 책임지고 지킬 수 있다. 소비자로서 노동자(도시민)은 생산자 농민의 생활을 든든하게 지키게 된다. 비로소 농민과 노동자가 연대할 때, 모든 국민이 식량주권이나 국가주권을 함께 100% 지켜낼 수 있다.

마침 한국의 노동자들은 "사회적 연대로 파업기금을 조성하자"고 외치고 있다. 노동자 파업은 노동자들의 문제가 아니라 이 사회의 문제라는 것이다. 파업의 사회적 의미를 이해할 때 사람들은 사회적 연대를 통해 사회적 문제를 함께 해결할 수 있다는 것이다. 그렇다면 차제에 농민이 어려울 때 노동자들이 나서서 돕고, 노동자가 어려울 때 농민이 나서서 도울 수 있도록 '농민·노동자 사회적연대기금'을 모으자. 농민의 농산물값이 떨어지면 연대기금으로 제값을 쳐서 사 주고, 노동자가 급여체불로 돈이 없어 배를 곯으면 연대기금을 풀어 싸고 좋은 먹거리를 사 먹을 수 있도록 해주자. 국가와 정부가 방기하고 있는 사회안전망의 빈 곳을 노동자와 농민의 사회적 연대로 채워 넣자.

그리고 많이 버는 노동자들은 그만큼 세금을 더 내자. 이른바 조세정의와 복지확대를 위한 '사회복지세'를 쾌척하자. 오늘날 양극화 심화에 따른 소득불균형 해소와 국민의 삶의 질에 대한 욕구 증대 등 복지가 시대적 과제로 대두되고 있고, 한국이 복지국가로 나아가기 위해서는 낮은 조세부담률, OECD 최하 수준의 복지지출 비중부터 늘려야 한다. 사회복지세를 통해 복지사업에 필요한 안정적인 재원을 조달, 양극화 해소와 보편적 복지확대에 기여할 수 있다. 한국 사회 최저의 취약계층인 농민들이 사회복지세 최우선 수혜대상자가 될 것은 두말할 나위도 없을 것이다.

아울러, 1994년 우루과이라운드 타결에 따라 '농촌을 특별히 보호'하기 위한 후속대책으로 마련된 농어촌특별세부터 농촌의 사회복지를 위한 정책사업에 우선 투자할 필요가 있다. 당초의 취지와 목적에 걸맞게 '농업경쟁력 제고', '농업인 복지증진', '농촌개발' 등의 정책에 집중해야 한다. 즉, 일반회계 재원사업은 농업경쟁력 사업에, 농특세는 농업·농촌의 복지증진과 농촌주민의 행복도를 높일 수 있는 사업분야에 집중하되, 농민 기본소득 등 농민복지, 농촌복지의 유력한 재원으로 농특세를 특정하여 '농어촌복지세'처럼 활용하는 게 합리적이고 효과적일 것이다.

6.4

마을사회의 자치

'마을자치 민주공화국'을 위하여

그림 6-4 농부의 나라 독일의 소녀농부

마을자치는 가능한가. 마을자치는 고사하고 지금 지방자치는 과연 안녕한가. 매년 연말이면 연례행사처럼 들리는 뉴스가 있다. 감사원의 지방자치단체 감사 결과를 알려주는 것이다. 어김없이 지방자치단체장이나 의원들의 비리 이야기가 빠지지 않는다. 지자체장의 비리라고 하면 'I군의 5적賊' 이야기가 얼른 떠오른다. '5적'이란 그 지역을 장악한 뿌리 깊은 토착브로커들의 위세를 일컫는 말이다. 특히 지방자치 선거 때마다 유독 기승을 부린다. 군수 선거에 나선 후보자들에게 '5적'들은 미리, 알아서 수십억 원까지 선거자금을 지원한다. 일종의 보험금 또는 이권사업 입도선매 보증금인 셈이다. 이른바 '5적 개발업자 토호 카르텔'은 누구든 당선만 되면 맹수가 먹이를 탐하듯 지역의 각종 이권 개발사업에 뛰어들어 본전 이상을 챙겨간다. 이들에게 지방자치란 '민주주의의 학교'가 아니다. 지방자치 선거는 선거판이 아니라 돈 놓고 돈 먹는 이전투구 격투기장 같은 투전판 이상도 이하도 아니다.

살펴보면 그럴 수밖에 없는 피치 못할(?) 사정이 있다. I군 같은 농산촌 지역은 마땅히 먹고살 것도 없고 일자리도 없다. 그래서 선거판이 한몫 단단히 챙길 수 있는 대목이 된다. 그 구조악의 중심으로 뛰어든 지자체장은 '먹고살 거리'와 일자리를 원하는 온갖 청탁과 비리의 유혹에서 벗어나기 쉽지 않다. 선거철마다 군민들의 향응과 금품 요구도 뿌리치기 어려운 게 지연, 혈연, 학연으로 작동되는 지방정치의 현실이다. 오죽하면 '봉투를 받은 뒤 투표한다'는 게 지역 유권자들의 근본 정서이자 생리라고 스스로 자조할 정도겠는가. 설사 악전고투 끝에 당선자를 내고 법정 선거는 종료된다 해도 지역 현장에서 선거전은 좀처럼 종결되지 않는다. 낙선하거나 반대 입장에 서 있는 '분하고 억울한 진영'에서는 조직적인 음해와 악의적인 투서를 남발하기 시작한다. 그래서 I군에서는 민선 1기 이래 지난 군수까지 모두 비리와 부정에 연루돼 불명예 중도하차라는 초유의 기록을 세우기도 했다. 그래서 '군수들의 무덤'이라는 오명까지 얻었다.

비단 I군만 그렇겠는가. 다른 지자체도 오십보백보다. 굳이 사례로 든 K시나 I군 말고 다른 지역의 사정도 크게 다를 게 없다. '불량사회 한국'의 어느 지방이나 시장·군수 선거 때마다 부정과 비리가 되풀이되는 구조적 원인을 안고 있기 때문이다. 우선 지역마다 현지 토건업자, 조합장 등 지역 개발토호들의 부패 카르텔이 뿌리 깊고 강고하다. 게다가 경상도나 전라도나 특정 지역연고 정당이 그 지역의 단체장과 지방의회를 장악하다 보니 '같은 편끼리 하는' 의정 감시의 역할조차 미비하고 부실하다. 애초에 비리와 부정의 유혹과 소지를 원천적으로 차단하는 게 어렵다. 이처럼 수사권도 없고 감사 기능도 미약한 지방의회가 지방정부의 실정을 감시하고 감독하기 어려우니 사실상 지자체장은 외부나 상부의 감독과 견제의 사각지대에 놓인 셈이다. 중앙당과 지역구 국회의원이 기초단체장과 기초의원 공천권을 실질적으로 행사하는 것도 숙명적 병인이다. 지방자치가 아니고 중앙통치의 유령이 여전히 지방을 일방 지배하고 있는 꼴이다.

지방정부에 시비 걸고 해코지하는 중앙정부

한국의 지방자치제는 1995년에 출범했으니 어느덧 성년이 넘어 어른이 된 셈이다. 하지만 여전히 지방정부는 중앙이라는 친권자로부터 자유롭지 않은 유치한 청소년 신세처럼 보인다. 일단 예산, 인사로부터 전혀 자유롭지 않다. 그러니 지방정부의 소신과 철학대로 할 수 있는 사업이 많지 않다. 중앙정부의 눈치를 자꾸 봐야 한다. 자칫 중앙정부와 맞서거나 눈 밖에 나면 시비와 겁박은 물론, 소송까지 각오해야 한다.

수년 전, 당시 성남시의 이재명시장은 "성남시의 3대 무상복지복지정책을 계획대로 시행하게 해달라"고 당시 대통령에게 돌직구를 날렸다. "만일 끝까지 반대한다면 권한쟁의 심판을 청구할 것"이라며 청와대와 중앙정부를 향해 경고성 공개서한을 보낸 것이다. '성남시 3대 복지 차단, 진정 대통령의 뜻입니까?'라는 다분히 공격적인 제목까지 달았다. 성남시는 청년배당, 무상교복, 공공산후조리원 등 3대 복지정책을 추진 중이었다. 하지만 보건복지부에서 사회보장기본법상 협의를 해야 한다며 딴지를 걸고 있어 실행을 하지 못한 것이다. 더욱이 정부의 지원을 받지 않고서도 성남시의 세금을 아낀 자체 재원으로 의욕적으로 벌이는 중요한 복지정책임에도.

당시 이 시장은 이 공개서한을 통해 대통령에게 '법에 보장된 지방자치의 권한'을 분명히 밝혔다. "지방자치단체는 헌법이 정한 자치기구로 고유자치권에 기반하여 자체 재원으로 고유사무인 주민복지 증진을 위한 일을 간섭 없이 시행할 권한이 있습니다. 또한 대통령께서 제안하여 만든 사회보장기본법은 '복지증진'을 목적으로 하고 '중복'과 '누락'에 대해 '협의'하게 하였을 뿐, 지방정부의 복지축소를 위해 무제한적 거부권한을 준 것이 아닙니다." 성남시 이재명 시장의 분노 섞인 항변은 오늘날 우리 지방자치제가 처해있는 비정상적인 상황을 상징적으로 웅변하고 있다. 대통령은 대한민국을 통치하고 이재명시장은 성남시 지방정부를 자치하는 게 옳다. 성남시의 사례로 드러난 중앙정부와 지방정부의 대립과 갈등, 반목과 이견은 단지 그 지방만의 문제는 아닐 것이다. 어쩌면 우리 지방자치제의 허술하고 불완전한 현주소와 단면을 극명하게 드러내는 하나의 사례일 것이다.

"국가는 지역 간의 균형 있는 발전을 위하여 지역경제를 육성할 의무를 진다." 대한민국 헌법 제123조 제2항이다. 국가의 균형발전은 헌법적 가치를 지니고 있는 국가의 중대사다. 지금 수도권은 11.8%의 면적으로 인구의 49.5%, 취업인원의 50.3%, 지역내 총생산의 48.9%를 끌어안고 있다. 국토가 극도로 불균등하게 이용되고 비효율과 불평등이 심각하다는 경고성 지표나 마찬가지다. 강준만 교수의 '지방 식민지'론으로 함축되는 중앙과 지방, 또 지역과 지역의 불균형 문제는 심각한 사회문제이자 국가문제다. 무엇보다 지역 불균형과 격차는 '지역감정'의 뿌리이자 결과로 나타나기 때문에 심각한 문제다. 수도권과 비수도권, 대도시와 중소도시, 도시와 농촌, 경부축과 비경부축 사이에 다양한 차원의 격차와 반감이 발생한다. 지역 내에서도, 수도권이나 광역경제권 내에서도 낙후지역의 문제는 상존한다. 동일한 행정구역 안에서도 지역마다 격차는 피할 수 없다. 가령 서울시 같은 경우 강남과 강북의 격차, 도농복합지역의 도시지역과 농촌지역의 격차 같은 양상이다.

지방자치의 주인은 '참여하는 시민의 공동체조직'

이 같은 지역 불균형을 해소하고 지역 간의 협력과 통합을 위해서 지방분권, 지방자치는 국가발전의 핵심과제이다. 더욱이 오늘날 지역불균형 또는 차별의 원인이 결국 권력의 중앙집중에 있기 때문에 지방의 자율과 분권은 미룰 수 없는 숙제다. 지금처럼 지역마다 중앙정부의 한정된 재원과 기회를 선점하고 쟁취하기 위한 투쟁을 벌이면서 지역 간의 협력과 통합을 모색한다는 것은 어불성설이다. 위선이고 기만이다.

실천적으로는 분권화된 지방정부에 대한 시민적 견제와 감시 기능이 무엇보다 절실하다. 이른바 참여자치와 시민자치를 통해 시민주의적 자치분권이 실현되어야 한다. 지방분권으로 인한 지역 간 격차 해소를 위해서 교정, 보완장치도 아울러 병행해서 작동해야 한다. 자칫 지역 간 과

도한 경쟁으로 기존의 격차와 불균형이 더욱 심화되고 확대될 우려도 없지 않기 때문이다. 지역 간 격차를 해소하는 재정조정 제도, 자치단체 간 수평적 보조, 지역최저기준 등이 필요하다.

그리고 근본적으로 '지방'이란 용어 자체가 부적절하다. '지역'이라고 해야 마땅하다. 지방이란 용어는 '서울'을 중앙으로 보고 나머지 지역은 변두리 또는 나머지로 보는 시각과 인식이 은근히 깔려있는 것이다. 지방이 아닌 지역을 발전시키는 방법은 다른 곳에 있지 않다. 바로 저마다의 지역 안에 있다. 지역 스스로 방법을 찾아야 한다. 물론 지방재정의 절반 이상을 중앙정부에 의존하는 현실에서 지역 독자적으로, 주체적으로 살길을 모색하기는 쉽지 않을 것이다. 그렇다 해도 어차피 어느 지역을 가장 잘 아는 주체는, 책임질 당사자는 바로 그 지역이다. 그 안에서 일터와 삶터를 꾸려가는 지역주민들이다.

그동안 우리의 지역발전 정책은 '장소[place]'에 매달렸다. '시설[hardware]'에 집착했다. SOC 같은 토건사업에 집중했다. 지역발전의 궁극적 대상이자 성과는 장소나 시설이 아니라 '사람[human ware]'이나 '프로그램, 콘텐츠[software]'라야 한다. 휴먼웨어와 소프트웨어를 위해 하드웨어와 장소가 결정되고 설계되어야 한다. 이제 인적 자원, 사람의 창의력에 의해 창출되고 개발되는 지역 고유의 특성과 자원이 지역발전의 이유와 목적이 되어야 한다.

마땅히 이러한 지역발전 전략과 정책은 그 지역을 가장 잘 아는 그 지역에 의해, 지역주민들에 의해 주도되어야 한다. 지방의 '자율'과 '책임'에 기초한 지역발전정책으로 제도와 정책의 패러다임과 기조가 혁신되어야 한다. 그렇게 지방분권, 지방주권, 지방책임경영의 기틀을 다져야 한다. 다만 지방분권, 지방주권, 지방책임경영의 주체는 정부나 행정이 떠맡아서는 안 된다. 반드시 '참여하는 시민의 공동체조직'이 나서야 한다. 그래야 우리 시민들이 '민주주의의 학교'인 지방자치의 주인, 민주공화국의 주인이 될 수 있다.

자발적 하방과 지역자립을 위해 '먹고사는 지역생활기술'을

'서울특별난민 최소한 5백만 명 자발적 하방 추진위원회'. 난민촌으로 규정하는 서울특별시에 이런 정도의 정책이 결행되어야 비로소 서울의 과밀화 문제, 농촌의 과소화 문제, 결국 지방분권과 국토균형발전의 국가적 과제가 동시에 해결된다고 확신한다. 자발적 하방을 결행하는 귀농인이야말로 사람이 없는 농촌과 지역사회의 새로운 '사회적 자본[social capital]'이자 지역의 '혁신적 관계망을 구축하는 인적 자본'으로서 지방자치 정상화의 열쇠라 할 수 있다. 사람이 너무 많아 생기는 도시의 문제, 사람이 너무 없어 생기는 농촌의 문제를 한꺼번에 해결할 주요한 허리, 또는 고리 역할을 감당할 수 있다.

다만 귀농인들이 저마다 지역에서 생활하고 정착할 준비를 얼마나 하고 있는지는 의문이다. 농촌마을 및 지역사회 공동체를 재생하고 활성화할만한 사회적 자본으로서 마음가짐과 역량을 갖추고 있는지 미지수다. '사회적 자본'은 고사하고 독립적 가계나 제대로 꾸릴 수 있는 '먹고사는 기술'은 갖추고 있는지 불안하다. 아마 그렇지 않을 것이다. 대다수 귀농인은 '지역에서 먹고사는 기술'과 '지역의 사회적 자본으로서 역량'을 배운 적이 거의 없기 때문이다. 오로지 도시의 각급 학교에서 '시험을 잘 보는 기술과 친구를 이기고 나만 살아남는 기술'만 집중해서 배웠다. 각종 학원에서는 '취직을 잘하는 기술이나 자본의 노예로 사는 기술'만 열심히 익혔다. 생활현장에서는, 지역사회 공동체에서는 쓸모가 거의 없는 죽은 지식과 정보를 암기하는 데 매진했다.

농촌과 지역의 원주민들은 더 말할 나위도 없다. 그래서 무엇보다 지역의 사회적 경제는 물론 마을·지역사회 공동체의 사업목적까지 책임질만한 지역사회전문가가 너무 부족하거나 빈약하다. 운동만 알고 사업을 모르는, 행사와 과정에만 집중하고 생활현장과 결과는 책임지지 않는 비전공자와 무경험자가 전문가 행세를 하는 지역과 기관이 적지 않다. 지역의 공동체와 사회적 경제 일을 능히 맡아 할 최적임자는 경제학자도, 행정공무원도, 복지운동가도, 벤처사업가도, 토건기술자, 컨설턴트나 연구원도 아닐 것이다. 사회적 경제[Community Biz]의 '사회[community]'와, 마을(지역사회)공동체의 '사회[commune]'를 두루 잘 공부하고 훈련한 '마을과 지역사회 공동체 현장의 청장년 지역사회전문가'라야 할 것이다. 그래서 가칭 '청장년 지역사회전문가 및 생활기술자 직업전문학교'를 지역마다 세울 필요가 있다.

그렇게 '지역에서 나도 먹고살고, 남과 이웃도 먹여 살릴 수 있는 직업적 생활기술'을 가르쳐야 한다. 그러자면 체계적이고 실용적인 학교와 교육프로그램부터 개발해야 한다. 농사짓는 법, 집 짓는 법, 음식 조리하는 법, 옷 만드는 법, 가구를 짜는 법, 에너지를 자립하는 법, 술을 빚는 법, 장사하는 법, 책을 쓰는 법, 그림을 그리는 법, 아이들을 돌보고 가르치는 법, 노인과 장애인을 보살피는 법, 마을공동체와 사회적경제를 연구하는 법 등 '먹고사는 데 절실하게 필요한 생활기술'에 집중할 필요가 있다. 지역사회에서 필요로 하는 다종다양한 '지역사회전문가'를 체계적이고 심층적으로 교육하고 육성할 '학교 밖 학교' 프로그램이라야 한다.

이때 각 광역 및 기초 지자체는 H/W(부지, 건축물 등)와 예산을, 지역의 대학은 S/W(교육프로그램, 지식정보콘텐츠, 교육멘토 등)와 청년인력, 교수요원 등 인적 자원[human ware]를 투자하는 상호호혜적 공조·협업 방식의 프로젝트로 방식이 바람직 할 것이다. 그런 직업전문학교에서 1-2년 동안 서로 가르치고 배운 학생들은 말 그대로 '지역사회 전문가'와 '생활기술자'로 거듭날 수 있을 것이다. 저마다 졸업하고 지역에 터를 잡으면 마을 및 지역사회 공동체, 그리고 협동조합, 사회적 기업 등 사회적경제조직을 관리하고 경영하는 유능하고 책임감 있는 일꾼이 될 수 있을 것이다. 동시에 학교에서 익힌 저마다의 생활의 기술을 직업 삼아 안정되고 지속 가능한 가계도 얼마든지 꾸릴 수 있을 것이다. '지역에서 먹고사는 두려움과 불안감'은 생활기술을 익히며 지역사회전문가로 훈련받는 동안 모두 해소될 것이다. 나아가 지방자치, 마을자치의 주력이 될 수 있다.

지속가능한 마을자치를 위한 '농민 기본소득'을

일본의 가라타니 고진柄谷行人은 칼 마르크스의 자본론을 인용해서, 『세계공화국으로』를 통해 "합리적인 농업은 소농들의 협동과 연대의 길"이라 가리키고 있다. 마르크스의 『자본론』을 인용했다. 그렇다면 오늘날 우리 농민에게 '합리적 농업'은 가당치도 않은 일이다. 한국의 천민자본주의체제와 전혀 양립 불가능해 보인다. 합리적인 농업이 가능하려면 우선 자본과 공권력에 휘둘리지 말아야 한다. 농업이 국가기간산업 대접을 받고, 농민은 공익농민 대우를 받을 때 비로소 가능할 것이다. 가령 '공익농민 기본소득' 수준의 정책을 할 수 있어야 한다.

농민들은 끊임없이 주장하고 제안한다. 국가에서 월급으로 기본소득을 지급하면, 농가의 소득안정은 물론, 농업과 농민의 사회적 지위도 향상된다고. 또 신규 농업인력도 유입되고 지역공동체 삶의 질도 높아진다고. 그 전에, 농업의 생태적이고 공동체적인 다원적 가치 자체가 사회공익 행위로서 얼마든지 존중되고 대접받아 마땅한 것 아니냐고. 하지만 정부는 귀담아듣지 않는듯하다. 논리로는 이해를 못 하는 게 아닐 텐데 아마도 농민들의 어려운 처지를 이해하고 걱정하는 공감능력은 전혀 없는듯하다.

무엇보다 '공익농민 기본소득제' 얘기를 꺼내면 일부 국민은 당장 조세부담, 국가재정부터 걱정한다. 농업과 농촌을 잘 모르거나 기본소득제에 대한 정보나 이해가 부족하면 그럴 수 있다. 어차피 이 세상의 모든 새로운 제도는 실현되기 전에는 다 비현실적이었다. 그래서 지금은 기본소득제의 실행모델을 설계하는 일보다, 농정의 진실과 기본소득제의 가치를 국민 속으로 널리 전파하고 공유하는 일이 더 시급하고 중요해 보인다. 본디 기본소득의 정신은 '게으른 베짱이'마저 당당한 국민으로서 기본소득을 받을 권리가 있다는 것이다. 베짱이가 기본소득을 받으면 능동성과 이타성이 늘어나 부지런하고 창의적인 개미가 될 수 있다는 것이다. 하물며 개미 중의 개미 '농민'에게 기본소득을 지급해야 하는 이유를 더 설명해야 하나. '공익농민 기본소득'은 혁명 같은 기적을 보여줄 것이다. 농사로 돈을 벌어 생계를 해결해야 하는 이기적이고 천박한 상업농의 굴레에서 농민을 해방시킬 것이다. 사람과 자연과 공동체를 살리는 이타적이고 사회적인 공익농민으로 농투성이를 거듭나게 할 것이다. "농민은 국민의 생명을 지키고, 국민은 농민의 생활을 지킨다." 이 말을 이해하기가 그토록 어렵나.

'마을자치 공화국'을 경영할 농민당을

그래서 지역자립을 위해 '물고기 잡는 법'을 가르치는 '먹고사는 생활기술 직업전문학교', 지역자치를 앞당길 '물고기'를 나눠줄 공익농민 기본소득제를 실현하려면 농민당이 필요하다. 복지국가 스웨덴을 일군 사민당의 장기집권은 사민당이나 노동자들의 독단적인 힘이 아니라 농민과 연대한 이른바 '노·농동맹'이 있었기에 가능했다는 것이다. 그렇다고 스웨덴의 농민당은 진보적이거나 혁신적이지 않다. 전형적인 우파로서 그저 농민의 이익단체일 뿐이다. 하지만 좌파인 사민당은 사회복지라는 대의를 위해 기꺼이 우파인 농민당과 힘을 합친다. 대만(중화민국)에도 농민당이 있다. 1989년 창당한 당원수 약 6,000명의 군소 정당이다. 타이완 독립운동과 토지 균분론을 주장하는 중도좌파적인 정치적 스펙트럼을 가진다. 역시 정치 이념보다는 농민의 이익을 대변하는 게 존립목적이다. 대만의 민주진보당 집권기에 실행된 신자유주의 정책으로 농민들의 생계가 위협당하면서 반-국민당, 반-민주진보당 행보를 이어나가고 있다. 중도파인 민주진보당에 비해 다소 진보적인 점 말고는 크게 차별화되지 않는다.

한국에는 농민당이 없다. 농민의 목소리를 대변해줄 독자정당이 없는 것이다. 그럴 힘도, 돈도, 사람도 없다. 그래서 어쩔 수 없이 '국회 농림축산식품해양수산위원회'에 민원과 이해관계를 전적으로 의존하고 있다. 그래서 농해수위는 '농민당'이라는 별명으로 불릴 때가 있다. 아무쪼록 소속 의원들이 좌우, 여야 구분 없이 한목소리로 농민들의 이해를 대변해달라는 뜻으로 들린다. 하지만 농민들은 농해수위의 그 별명을 흔쾌히 받아들이기 어렵다. 도저히 농해수위를 농민들의 민생을 위하는 '농민당' 대신으로 생각할 수 없다. 과연 농해수위 의원들이 농민들의 이해를 진정으로, 제대로 대변해 왔는지 믿음을 주지 않는다. 차라리 농해수위 소속 국회의원들은 크게 세 부류로 나뉜다는 주장이 더 설득력 있게 들린다. 지역구가 농어촌이고 유권자가 농어민이라 선택의 여지가 없이 농해수위를 선택한 의원, 자기 당내에서 힘이 없어 비인기 상임위인 농해수위로 밀려난 의원, 그리고 그 두 가지 조건을 다 갖춘 의원.

농민들은 2014년 9월, 농민단체 연대기구인 '국민과 함께 하는 농민의 길'을 출범시켰다. 그 자리에서 가톨릭농민회, 전국여성농민회총연합, 전국친환경농업인연합회, 전국농민회총연맹은 서로 연대해 더 조직적이고 지속적인 대정부 투쟁을 결의했다. 농민들이 정부도, 국회도, 정당도 더 이상 믿을 수 없다면 방법은 한 가지밖에 없다. 농민들 스스로를 믿는 방법이다. 농민들이 정치를 하는 길이다. 국가와 사회의 주인, 권리와 책임의 주체가 되는 길이다. 농민들 스스로 '농민당'을 만들어 국회로 진출해 정부를 감시하고 정권을 견제하는 길이다. 그렇게 '농민의, 농민에 의한, 농민을 위한 정치'를 농민 스스로 나서서 하는 길이다. 그보다 더 좋은 '농민의 길'은 없다.

오늘날 '불량사회 한국'에서 지방은, 마을은 '참을 수 없을 정도로 가벼운' 공간으로 전락하고 쇠락했다. 지방은 아무리 지방자치를 해도 자치도, 자립도, 자조도 잘 이루어지지 않는다. 지방 주민으로서 최소한의 자긍심이나 자존감도 찾아보기 어렵다. 지방이란 변방의 사막에는 중앙에 대한 피해의식, 비굴함, 열등감, 모멸감, 적개심만 가득하다. 전북대학교 강준만 교수의 말대로 '중앙의 식민지' 그 이상도 그 이하도 아니다. 물론 헌법 제11조 1항에 따르면 '지방'이라고 해서 중앙의 '식민지'가 될 수는 없다. "모든 국민은 법 앞에 평등하다. 누구든지 성별·종교 또는 사회적 신분에 의하여 정치적·경제적·사회적·문화적 생활의 모든 영역에 있어서 차별을 받지 아니한다"고 헌법에는 분명히 명시돼 있다. 법대로 한다면, 중앙에 살든, 지방에 살든 그 누구도 차별을 받지 않아야 한다. 하지만 현실은 법에 적힌 대로 구현되지 않는다. 법은 법이고 현실은 현실이다.

어차피 법은 중앙의 기획과 의도로 쓰였고, 지방의 편에 서서 해석되지 않는다. 강 교수는 "누구나 인정하겠지만, 헌법 제11조 등은 아무도 지키지 않는 빈껍데기, 아니 쓰레기 취급을 받고 있다"면서, "지방은 정치·경제·문화·교육·언론 등 전 분야에서 서울에 종속된 내부식민지"라고 개탄하고 정의한다. 그는 그 원인으로 "지방정부의 자율성도 낮을뿐더러 재정 독립성도 약하다"는 점을 든다. 특히 인사와 예산의 종속은 지방정부의 '중앙에 줄 대기' 경향을 키웠다고 고발한다. 그래서 지역균형발전기금 조성, 수도권규제철폐의 빅딜 등을 해법으로 제시한다. 그리고 '지역주의'에서 '지방주의'로 전환하자고 제안한다. '지역주의'는 지역 인사가 서울의 중앙권력을 욕망하지만, '지방주의'는 중앙집권 자체를 지양한다는 것이다. 곧 '지방주의'에서 서울과 지방은 동등한 지위를 갖는다는 것이다. '지방주의'든 '마을주의'든 '마을자치 민주공화국'이 마을이 살길이다.

저자 후기

마을을 구해야 인간다운 삶을 유지할 수 있다

연일 계속되는 폭염으로 거의 재난수준이라 할 정도의 무더운 여름을 보냈다. 사람들은 내년 여름을 또 어찌 견딜 것인가 벌써 걱정한다. 지구온난화로 인한 기온상승과 기상이변이 어제오늘의 일이 아니건만 지구 곳곳에서 펼쳐지는 자연재난의 심각성은 사람들로 하여금 다가올 미래에 대한 불안과 걱정을 증폭시키고 있다. 특히 올여름 도시에서의 일상은 너무 힘겨워서 더 이상 도시에서 살아남는다는 게 힘겹다는 생각이 든다. 더 늦기 전에 하루라도 빨리 도시를 떠나고 싶어진다. 도시탈출!

대도시는 편리성을 추구하는 소비양식이 극대화된 곳이고, 이를 위해서는 무한한 에너지 공급이 전제되어야 하는데, 에너지가 부족하여 공급이 제한 혹은 차단된다면 도시생활은 아비규환이 된다. 전기가 없는 고층아파트에서의 생활을 상상할 수 있겠는가? 단 몇 시간도 견뎌낼 수 없을 것이다. 우리는 아무것도 할 수 없음을 알면서도 에너지절약을 선택하는 행동에 나서지 않는다. 도시의 생활양식, 자본주의 소비방식이 이미 우리의 삶터와 일터를 통합하여 결코 멈출 수 없는 소비 그리고 소비를 위한 비용을 지불하기 위해 무한 경쟁의 투쟁을 지속하도록 만들었기 때문이다.

이 끝없는 소비와 경쟁의 쳇바퀴에서 빠져나오려면 도시를 탈출하는 것 이외의 방법이 없다. 그러나 우리가 정작 도시에서 살기 힘든 그래서 도시를 떠나야 하는 이유는 따로 있다. 그것은 우리의 일터와 삶터가 분리되고, 삶터에서조차 의지하거나 위안이 될 만한 관계망들이 사라졌기 때문이다. 다시 말해서 내 집이 있는 동네는 있어도 내가 살고 있는 '마을'이 사라진 것이다. 집은 그저 잠을 자기 위한 공간이고, 가족해체 등으로 가족의 유대가 불안정해진 상황에서 나홀로가구의 증가는 혼밥, 혼술, 편의점 단골과 같은 문화현상을 만들었다. 심지어 배달도 전화로 하지 않고 배달앱을 통해 주문하듯이 타인과의 대면적인 접촉은 물론 언어적 교환조차도 회피하는 게 편한 것이다. 도시생활에서는 타인과의 관계만들기가 어색하고 불편하며, 그런 의미로 어떤 형태로든 간섭하거나 간섭받는 일이 싫은 것이다. 요즈음 젊은 세대의 용어를 빌리자면 (극)혐인 것이다. 이웃이 누군지도 모르고 이웃과의 교류나 배려도 사라져 이웃에서 무슨 일이 일어나는지 알지 못한다. 생활공동의 문제가 발생해도 스스로 나서지 않거나 관심이 없다. 경우에 따라서는 공동으로 대처하지 않고 개인적으로 해결해버리고 만다. 도시에 사는 사람들은 일터에서 힘들고 삶터에서 외롭다. 마을이 사라진 도시는 더 이상 사람답게 사는 공간이 아닌 것이다.

마을이란 무엇인가? 마을은 '사람으로서 사람답게, 사람들과 함께 먹고 살 수 있는 곳'이 되어야 한다. 서로가 서로를 믿고 기대고 돌보고 보살필 수 있는 곳이라야 한다. 그렇게 삶과 일, 그리고 쉼과 놀이가 하나 되는 곳이라야 한다. 마을은 다양한 사회관계망으로 얽혀져 '돌봄과 호혜'가 있는 사회적 공간을 말한다. 조한혜정 교수도 마을을 '돌봄과 학습이 있는 주거'라고 정의한다.

노인들이 골목길 이곳저곳에서 아이들이 뛰어노는 것을 보고 있고, 수시로 물물교환이 이루어지고, 서로가 잘 알기에 함께 있음으로 안전한 마을, 사람들이 자주 이사를 가지 않고 가게도 자주 망하지 않아 단골이 되는 그런 마을이 후기근대적 주거의 핵심이어야 한다.

– 조한혜정, 『다시, 마을이다』 가운데서

그렇다. 마을은 아이들은 어른을 보고 배우며, 노인이 아이를 돌보고 이웃이 사회적 약자를 배려하고 돌보는 그래서 다양한 관계의 연결고리가 살아 있는 사회적 공간인 것이다.

최근에는 마을이 사라진 곳에서 마을을 소환하는 노력이 도시 한복판에서 일어나고 있다. 성미산 공동체를 시작으로 삼각산 재미난 마을 등 자생적인 마을만들기가 도시생활에 지친 영혼들에게 힘이 되고 있고, 이런 움직임이 정부를 자극하여 마을공동체 활성화 지원이라는 정책적 개입을 조성하였다. 마을을 떠난 사람들이 마을로 돌아오고 있다. 하버마스가 강조한 것처럼 자본주의 기획의 산물인 화폐와 권력의 복합체가 의사소통 행위로 지탱되던 생활세계를 식민화함에 따라, 마을에서 영위되던 생활세계의 위기가 마을을 소환하고 있는 것이다. 그런데 도시생활에 지쳤다고 해서 사람들이 생활세계를 복원하고자 마을공동체 활동에 기꺼이 참여할 수 있을까? 참여하여 믿고 기대고 돌보고 보살필 수 있을까? 쉽지 않은 이야기다. 정작 마을을 잘 알지 못하기 때문이다. 아마도 도시에서는 해답을 찾지 못할 것이기 때문에 도시를 탈출하여 시골로 농촌으로 내려가야 한다. 그렇다면 농촌에는 마을이 있는가?

도시에서 떨어진 시골의 농촌 마을에는 고령화된 농민들만이 겨우 동네를 지키고 있고, 젊은 세대와 자녀들은 도시로 떠나 마을공동체의 기능이 마비되거나 상실된 곳이 많다. 마을공동체가 작동할 수 있는 인적 자원이 부족하여 사람답게 살 수 있는 관계망이 만들어지지 않는다. 그렇다면 다시 도시로 돌아가야 한단 말인가? 저자는 이 책에서 마을로 가기 위해서는 먼저 마을을 잘 알아야 한다고 주장한다. 더 나아가 마을에서 사람답게 살기 위해서는 스스로의 삶에 대해 그리고 도시에서의 생활에 대해 깊은 성찰이 있어야 하며, 농촌 마을의 문제를 스스로 책임질 주체로서 살아야 한다고 말한다. 단지 귀농인, 주민, 농업인으로 사는 '도시난민'이 아니라 주도적으로 '마을시민'이 되어야 한다고 말한다.

요즈음 회자되는 '음식시민'이라는 용어가 있다. 음식문맹과 달리 음식시민[food citizen]은 단순히 주어진 음식 또는 식품을 소비하는 것이 아니라 음식, 식품에 대한 지식 생산과 의사결정을 공유하며, 자신이 먹는 음식 또는 식품에 대해 성찰하고 의식적으로 음식 또는 식품을 대하는 사람을 말한다. 내가 먹는 음식이 어떠한 방식으로 타인과 '관계'하는지, 또 식생활이 개인이 소중히 여기는 가치에 어떻게 연결되어 있는지 고민하고 생각해 보는 사람들 말이다. 김종덕 교수(국제슬로우푸드 한국협회장)는 음식시민을 다음과 같이 정의한다.

> '음식시민'이란 능동적인 자세로 음식에 대해 성찰하고, 음식의 생산·유통·소비 과정에 적극적으로 개입하는 사람이다. 단순한 먹거리 구매자가 아니라 식량 체계와 관련해 의식을 갖고 대하는 사람이며, 좋은 음식, 깨끗한 음식, 정의로운 음식이 생산·가공·유통·소비될 수 있도록 적극적으로 동참하는 사람이다.
>
> – 김종덕, 『음식문맹자, 음식시민을 만나다』 중에서

음식시민과 마찬가지로 마을시민은 단순히 마을에 살고 있는 귀농자, 주민, 농업인이 아니라 자신이 거주하는 마을의 존재와 의미에 대해 성찰하고 의식적으로 공동성을 회복, 유지하기 위해 공동체 활동에 주도적으로 참여하는 사람을 말한다. 저자의 설명을 빌자면, 마을에서 사람답게 살기 위해 외지인이나 주변인이 아닌 마을공동체의 권리와 책임의 주체로서 마을을 체화하고 실천하는 사람을 말한다.

마을시민이 마을에서 스스로 벌어 먹고살기 위해서 모두 농업에 종사해야 하는 것은 아니다. 사실 귀농인이라 하더라도 영세규모의 소농, 가족농의 경우 농업소득으로 먹고 살기 어렵다. 다른 소득원이 필요하기도 하고, 소득과 관련없는 일일지라도 스스로가 잘하는 재능을 살려 마을공동체에 기여하거나 지역사회에서 꼭 필요한 일들을 맡을 수도 있다. 도시의 직업전선에서 갈고 닦은 경험, 기술, 노하우, 지식정보와 같은 빛나는 무형자산들 말이다. 먹고사는 데 요긴하게 소용되고 작동하는 생활의 무기들만 잘 챙겨서 마을로 내려온다면 주체적인 마을의 시민으로 예측가능하고 지속가능한 '생활귀농'이 가능하다.

혼자서 그런 일을 하는 것이 어렵다면 마을 주민과 힘을 합해 마을기업을 만들어서 소득을 나눌 수도 있고, 협동조합을 만들어서 사회적 가치를 공유할 수도 있다. 마을기업이나 협동조합을 만들고자 한다면 지자체의 지원을 받을 수도 있다. 마을 주민만으로 구성이 어렵다면 자연부락의 경계를 넘어 권역이나 더 큰 단위의 지역사회로 확장하여 마을시민들 간의 연대를 통해 좀 더 민주적이고 개방된 결사체를 만들어 새로운 대안들을 시도해 볼 수도 있다.

이 책에서는 마을시민(마을공동체의 주체)이 주도하는 다양한 형태의 마을기업(마을공동체의 경제조직), 대안마을(이상적 마을공동체), 대안농정(마을공동체 관련 정책)을 제시하면서 어려움에 처해 있는 한국농촌의 미래를 설계하고자 하였다. 그 대안사회(마을자치의 대안사회)를 위해 필요한 사회적 자본, 사회안전망, 마을 자치 등의 주요 요인들에 대한 검토도 제시하고 있다. 따라서 이 책은 마을로 가기 전에 마을을 알아야 하는 도시민, 귀농귀촌 희망자, 마을에서 공동체생활을 꾸리고자 하거나 공동체 사업을 벌이는 원주민과 귀농인을 위해, 그리고 마을공동체에 관심을 갖고 있는 학생, 활동가, 공무원 등을 위해, 마을공동체[commune]에 대한 이해와 학습을 안내하는 일종의 마을공동체 생활 및 사업 학습·실천매뉴얼로 활용될 수 있다. 즉, 마을에 관심 있는 모든 사람을 위한 '마을 사용설명서'인 셈이다.

저자인 정기석 마을연구소장은 오랫동안 전국의 마을을 돌아다니면서 농촌 마을에 대한 풍부한 현장경험과 날카로운 통찰력을 통해 현실적인 대안을 고민해 온 사람이며, 기존 농정의 틀 내에서 해결책을 제시하지 않고 마을시민의 관점에서 대안을 추구해 온 사람이다. 보기에 따라서는 아나키즘적 요소를 흠씬 풍기기도하지만, 지금은 전국 여러 지자체의 마을활성화 계획에 참여하여 자문을 하거나 마을에 대한 특강을 하기도 한다. 한편에서는 마을 안에서 문제를 바라보지만, 다른 한편에서 마을 밖에서 문제를 조감하는 균형 잡힌 시각으로 오늘의 농촌문제에 대한 답을 찾으려고 노력하고 있다. 이 책을 구성하는 몇 개의 절에는 이미 언론매체를 통해 소개된 글도 있고, 또 저자를 잘 아는 활동가나 연구자들은 여러 기회를 통해 접한 발표와 특강 등을 통해 이 책을 관통하는 주장과 방법에 익숙하리라 생각한다. 그래도 우리의 희망이자 미래의 삶이 영위될 마을에 관한 개론서가 없는 현실에서 이 책은 출판의 의의가 크다고 할 수 있다. 독자 여러분께서 꼭 일독하고 고견을 보태주시기를 간절히 바라며, 끝으로 출판을 위해 지원을 아끼지 않으신 전북대학교 총장과 출판문화원 관계자 여러분께 감사의 말씀을 드린다.

'마을이 세상을 구한다'는 마하트마 간디의 말과는 맥락이 다르겠지만, 이 책『마을학개론』이 '마을을 구해야 우리 모두가 인간다운 삶을 유지할 수 있다'는 믿음을 현대인들의 가슴에 새기는데 기여를 했으면 하는 바람으로 저자 후기를 마친다.

2018년 9월

저자를 대표하여 송 정 기 씀

마을학개론

- 현대인을 위한 마을 사용설명서 -

지은이 정기석, 송정기
펴낸이 김동원
펴낸곳 전북대학교출판문화원

초판 1쇄 인쇄 2019. 3. 22
초판 1쇄 발행 2019. 3. 29

전북대학교출판문화원 전라북도 전주시 완산구 어진길 32 (풍남동2가)
전화 (063) 219-5321~2
FAX (063) 219-5323
출판등록 2012년 8월 20일 제465-2012-000021호

값 15,000원

ISBN 979-11-6372-027-0 03330

이 도서의 국립중앙도서관 출판예정도서목록(CIP)은 서지정보유통지원시스템 홈페이지(http://seoji.nl.go.kr)와 국가자료공동목록시스템(http://www.nl.go.kr/kolisnet)에서 이용하실 수 있습니다. (CIP제어번호 : CIP2019008490)